| 전략적 |
| 에세이 |
| 쓰기 |

전략적 에세이 쓰기

초판 발행 2023년 8월 21일

지은이 | 김효선
편집자 | 한서원
출판사 | 북샤인
브랜드 | 북샤인 팩토리 [Bookshine Factory]
사이트 | bookshine.co.kr
메 일 | book-shine@naver.com

ISBN 979-11-91928-17-4

이 책은 저작권법에 따라 보호 받는 저작물이므로 무단 전재와 복제를 금합니다.
이 책에 실린 글과 그림 등 모든 내용의 저작권은 북샤인에 있으므로
북샤인의 사전 서면 동의 없이 복제 내지 전송 등 어떤 형태로도 사용할 수 없습니다.

잘못된 책은 구입하신 곳에서 바꿔드리며, 책값은 뒤표지에 있습니다.

Your Light, Shine You - BOOKSHINE
당신의 빛이, 당신을 비추도록.
북샤인은 희망을 전하는 출판 문화 사역을 진행합니다.

전략적
에세이
쓰기

에세이 작가
필독서

김효선 지음

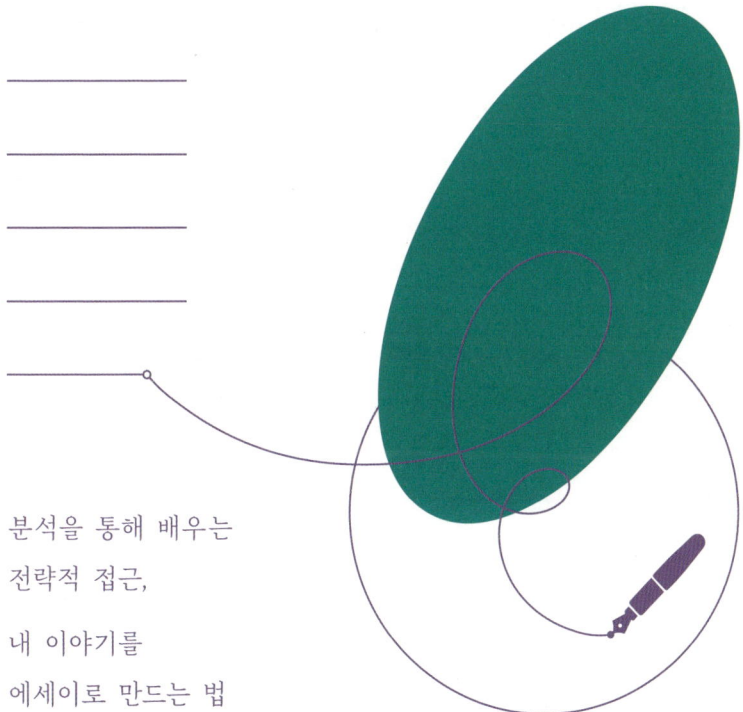

분석을 통해 배우는
전략적 접근,
내 이야기를
에세이로 만드는 법

목차

1장 전략적 에세이 탐구

- 14 · 나를 위해 시작하는 에세이 쓰기 ★☆☆
- 18 · 독자의 시선으로 본 에세이의 매력 ★★☆
- 25 · 일기를 에세이로 바꾸는 2가지 포인트 ★★★
- 30 · 알맹이를 만드는 의미화된 메시지 ★★★
- 38 · 의미화를 녹여내는 사건의 고찰점 ★★☆
- 44 · 재밌게 읽히는 글, 소설처럼 쓰기 ★★☆
- 51 · 에세이는 형식이 없는 글 일까? ★★☆
- 58 · 메시지 전달 형식, 5가지 방향 ★★★

2장   자전적 에세이 시작

- 78 · 초보자를 위한 공유일기 쓰는 방법   ★★★
- 85 · 쓰고 싶은 주제와 글이 써지는 글감   ★★☆
- 92 · 내면의 글감을 찾는 기준 3가지   ★★☆
- 97 · 대상에게 말하는 느낌으로 글쓰기   ★★☆
- 102 · 하고 싶은 말이 넘쳐야 책이 써집니다   ★★★
- 108 · 소비되는 문장이 내 글에 있나요?   ★★★
- 115 · 이야기를 솔직하게 쓰기 겁이 난다면   ★☆☆
- 123 · 독립 출판을 목표로 시작해보기   ★☆☆

3장 / 독자가 중요한 기획

- 132 · 에세이 책의 작가와 독자의 관계 ★★☆
- 138 · 독자의 마음을 사로잡는, 답이 되는 메시지 ★★★
- 144 · 구매 심리에 따른 3가지 독자 유형 ★★☆
- 151 · 작가의 호감표시로 책은 판매된다 ★★★
- 155 · 독자와 소통을 잘하는 작가의 가능성 ★☆☆
- 160 · 상품을 만드는 콘텐츠와 콘셉트 ★★☆
- 168 · 고민보다 행동, 집중력과 지속력 ★★☆

4장 글쓰기 방법과 실습

176 · 짜임새 있는 구성, 문단과 문장 ★★☆

180 · 긴장감을 끌어내는 문단 구조 ★★☆

184 · 문장에 재미를 주는 참신한 연출 ★★☆

190 · 장면이 그려지도록 구체적인 묘사 ★★★

196 · 감성을 살려주는 표현 활용 ★★★

202 · 주목성을 높이는 함축적 시구 ★★☆

206 · 문장력을 높이는 집필 방법 7가지 ★☆☆

214 · 초고보다 중요한 퇴고 ★☆☆

이 책을 펴내며

에세이에 대해
얼마나 알고 있나요?

2018년 겨울, 1인 출판에 뛰어들면서 지금까지 약 10권 정도의 책을 썼습니다. 이 중 절반은 초판 판매가 끝난 후 절판시켜서 현재는 구하지 못합니다. 몇 년간 써온 책들은 대부분 실용 서적입니다. 처음에는 저의 장점을 활용하여야겠다는 생각에 실용 서적으로 출판을 도전했습니다. 그 책들이 꾸준히 판매되는 것을 보면서 저에게 있는 전문성을 발견했습니다. 바로 정보를 분석하고 도출하여 새로운 내용으로 재가공하는 역량입니다. 그런데 저는 에세이를 잘 쓰고 싶은 사람입니다. 출판을 시작한 이래로 에세이 쓰기에 대한 마음이 사라진 적이 없습니다. 그동안 책을 쓰고 만들면서 '언젠가 에세이를 쓰겠다'는 목표를 선뜻 도전하지 않았던 이유는 아직 준비되지 않았다고 느꼈기 때문입니다. 사실 글이야 쓰면 되고, 출판이야 하면 되지만 스스로 당당할 수 있는 시점에 시작하고 싶었습니다. 2023년이 되면서 이제 에세이를 출간해 봐도 괜찮겠다는 생각이 들었습니다. 천천히 내 이야기 조각을 모으고, 에세이에 대해 구상하면서 새로운 고민이 찾아왔습니다.

"나는 과연 에세이에 대해 얼마나 알고 있는가?"

저는 에세이를 쓰고 싶은 목표가 있음에도 에세이를 즐겨 읽지 않았었습니다. 모순된 입장을 취하고 있던 태도를 알아차린 직후 에세이를 찾아 읽어나갔습니다. 저는 어떤 일을 시작할 때 설계가 필요합니다. 도면 없이 무작정 뛰어드는 것은 제 적성에 맞지 않습니다. 그러니 에세이에 대해 제대로 알지 못하고 글을 쓸 수 없다고 판단된 것입니다. 오로지 독서에 집중하는 기간을 잡고, 1주일에 2~3권 정도 책을 읽어 나갔습니다. 책을 읽으면서 에세이의 특징을 파악했습니다. 그러면서 제가 잘하는 분석과 도출 능력으로 저만의 글쓰기 가이드를 만들게 되었습니다.

에세이 쓰기를 이해하고 방법을 마련하기 시작하니 막막했던 마음에 힘이 생기기 시작했습니다. 분석과 도출을 통해 얻은 답은 제가 앞으로 진행해야 하는 작업의 단계를 알게 해 주었습니다. 혼란이 끝나니 글쓰기가 더 재밌어졌고, 스스로에 대한 자기확신도 생겨났습니다. 제가 에세이 작가로 어느 정도 위치에 오를지는 알 수 없으나, 저만의 길을 잘 개척하고 있다는 확신이 생기니 그 자체만으로도 반은 성공이라는 생각이 들었습니다.

작가가 되기 위해 글을 꾸준히 쓸 수 있는 근육이 필요합니다. 어찌 보면 책 쓰기는 습관의 힘입니다. 장시간 반복적으로 글을 쓰는 행위 없이는 책이 나오지 않으니까요. 좋은 책을 쓰기 위해서 필요한 3가지 조건이 있습니다. 집중력, 지속력, 방향성입니다. 글쓰기 근육을 키우고 책 한 권을 완성하는 목표를 달성하기 위해 집중력과 지속력이 필요합니다. 그리고 주제에 벗어나지 않는 방향을 갖고 있는 것도 필요합니다. 방향이 명확하지 않으면 '이렇게 쓰는 게 맞나?, 이 글이 책이 될 수 있을까?, 내 책에 사람들이 반응할까?'라는 고민이 생깁니다. 더 나아가서는 '내가 굳이 글을 꼭 써야 했을까?'라는 의구심이 들기도 합니다. 그 순간 뜨겁던 열정이 식고 점점 힘이 빠집니다. 그러한 막막함을 여러 차례 경험해 보고 나서 이 책을 집필했습니다. 더 이상 길을 잃지 않기 위해서입니다. 즉, '전략적 에세이'란 글쓰기가 막막한 분들에게 전하고 싶은 나침반입니다.

1장은 〈전략적 에세이 탐구〉로 에세이란 무엇인지 이해할 수 있습니다. 일기와 에세이의 차이에 대해 중점적으로 알고, 독자가 존재하는 글이 되기 위해 무엇을 염두에 둬야 하는지 안내합니다. 기존의 에세이 책들을 분석하여 5가지 메시지 형식으로 분류하였습니다. 이 내용을 바탕으로 내가 정한 출판 기획에 대입하여 어떤 형태로 글을 쓸 것인지 기준을 잡을 수 있도록 도와줍니다. 2장 〈자전적 에세이 시작〉은 내 이야기에서 출발하는 글의 특성을 좀 더 자세히 살펴봅니다. 작가의 고민에 초점을 맞춰 글쓰기 방향을 안내합니다. 3장은 〈독자가 중요한 기획〉으로 보다 전략적인 기획을 잡고 싶은 분들을 위한 상업적인 분석 내용을 담고 있습니다. 내 책의 독자를 위한 주제와 콘셉트 도출하는 방법을 전합니다. 상품을 만드는 콘텐츠 접근으로 책 제작을 이해하게 합니다. 마지막 4장은 〈글쓰기 방법과 실습〉입니다. 설명과 예문을 통해 집필에서 꼭 알아두면 좋을 내용이 담겨 있습니다. 글의 구성과 문장을 다듬는 방법을 안내합니다.

목차의 제목을 보시면 별 표시가 있습니다. 작가의 입장에서 꼭 알면 좋을 내용은 별 3개, 편하게 읽고 넘겨도 괜찮은 내용은 1개를 줬습니다. 물론 모든 내용을 읽는 게 좋습니다만, 별 개수를 통해 강조하는 부분을 표시하고 싶었습니다.

이 책을 통해 에세이를 쓰면서 만난 고민의 답을 찾으셨으면 좋겠습니다. 자꾸만 제자리 도는 글쓰기로 목표한 단계에 올라서지 못하는 것 같다면, 이 책이 도움이 될 것으로 생각합니다. 제가 답을 얻은 것처럼, 필요한 내용이 등대의 불빛처럼 여러분의 길을 밝히는 데 도움이 됐으면 좋겠습니다. 여러분의 에세이 쓰기를 독려하며 함께 작가로 성장하길 응원합니다.

전략적 에세이 탐구

1장

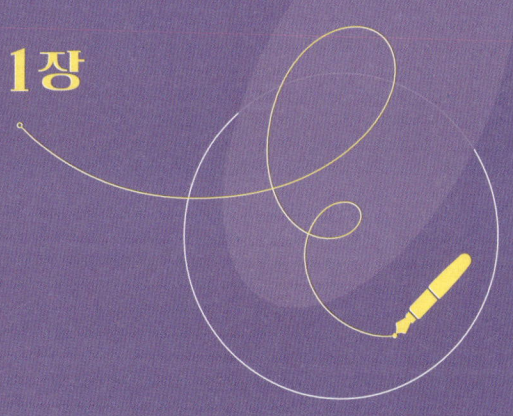

★☆☆

나를 위해 시작하는 에세이 쓰기

    에세이 책 쓰기는 참으로 매력 있는 도전입니다. 개인적인 경험과 생각을 누군가에게 공유할 수 있다는 것과 그 결과물로 돈을 벌 수 있다는 사실이 그러합니다. 더 나아가 베스트셀러 작가가 될지도 모르는 달콤한 희망을 꿈꿀 수 있기도 하죠. 사람들은 자신의 이야기를 하는 것을 좋아합니다. 말주변이 없는 사람도, 말수가 적은 사람도, 자신이 좋아하는 것에 대해 말할 때만큼은 눈을 반짝입니다. 외향적이냐 내향적이냐 등 성격과 성향의 차이로 대화의 양이 차이가 나지만 말입니다.

    다른 사람과 대화한다는 것은 내 얘기만 늘어놓는 독백이 아닙니다. 적당한 눈치가 있는 사람이라면 상대방이 말할 수 있도록 차례를 넘겨줍니다. 일방적인 조언을 듣는 자리가 아니고서는 대화란 서로의 배려가 필요한 법입니다. 누군들 몇 시간이고 자기 얘기만 하는 사람과 이야기를 계속 나누고 싶을까요. 이렇듯 누군가와 직접 대화하는 것은 타인을 의식하는 행위가 동반됩니다. 어떤 사람은 관계에서 소모되는 에너지가 불편해서 대화를 좋아하지 않기도 합니다.

반면 독서는 타인을 신경 쓰지 않고 이야기에 몰입할 수 있습니다. 내가 원하는 시간과 장소에 책을 읽을 수 있고, 읽다가 중단하는 것도 자유입니다. 나의 편의에 맞춰 이야기를 접할 수 있는 장점이 있습니다. 글을 쓰는 작가의 입장에서도 마찬가지입니다. 자기 얘기를 주야장천 늘어놓아도 눈치 볼 이유가 없습니다. 그러라고 쓰는 글이기 때문입니다. 그래서 하고 싶은 말이 많은 사람은 책을 쓸 때 행복할 것입니다. 내 얘기에 오로지 집중할 수 있고, 그 얘기를 들려줄 수 있다는 사실이 기쁨이 됩니다.

에세이 쓰기는 '책을 출간하기 위해서'라는 상업적 이윤 목적만 있지 않습니다. 내 얘기를 털어놓는 시간을 통해, 나를 알아가게 됩니다. 아는 만큼 이해하게 되고, 이해하는 만큼 위로하게 되고, 위로하는 만큼 힘을 얻습니다. 그리고 그렇게 얻은 힘으로 고립됐던 마음에 해방감이 생깁니다. 나도 몰랐던 내면의 엉킨 매듭이 풀어지고 치유가 일어나는 것이죠.

인스타그램에서 에세이나 글쓰기 모임의 홍보를 많이 봅니다. 출판 시장은 몇 년 전부터 안 좋다는데, 글을 쓰려는 사람들의 모임은 늘 생겨 납니다. 책을 내고 싶은 이유겠지만, 그 이면에는 어쨌든 '나도 내 얘기를 하고 싶다!'라는 마음이 있는 것이겠죠. 남들이 지루해할까 봐 평소에 늘어놓지 못했던 구구절절한 사연들로 말입니다.

에세이 쓰기를 지도하는 책 중에 '치유'라는 성격으로 나온 책들이 있습니다. 글쓰기가 심리치료와 연계될 수 있다는 점으로 접근합니다. 이때 글쓰기는 내면의 상처나 고통 같은 감정적인 격변을 다루게 됩니다. 이를 통해 심리적 외상을 스스로 다루고 회복할 힘을 얻는 것입니다. 심리적인 문제가 발발하는 원인 중 '스스로 존중하지 않는' 상황이 있습니다. 외부 상황에서 문제와 고통을 겪었는데, 나조차도 힘든 나를 이해하지 못하고 몰아세우고 비난한다면 영혼은 갈 곳을 잃게 됩니다. 자존감이 무너지고 우울증에 빠지는 지름길이 되겠죠. 이런 상황에서 내면의 응어리진 마음을 글쓰기로 풀어낸다면 큰 힘이 됩니다. 그래서 심리치료의 방법으로 상담가들이 글쓰기를 권유하거나 지도하는 경우가 있습니다. 이렇듯 내 얘기를 솔직하게 털어놓는 에세이 쓰기는 그 자체만으로 의미가 있습니다. 설령 출판되지 않더라도 말입니다. 에세이 쓰기를 시작하려는 분들은 이러한 점에 의미를 두셔도 좋습니다.

일단 글과 친해지고, 글을 통해 성취감을 얻고, 글을 통해 밝은 에너지를 마음 가득 채우는 것을 목표해 보세요. 작가로 살아가고자 하는 사람은 자신의 심경과 생각을 글로 자유롭게 풀어낼 수 있는 역량을 길러야 합니다.

이제 여러분은 책 쓰기를 시작할 예정입니다. 아니 이미 시작하는 중이기도 하겠네요. 자기 얘기를 하고 싶은 사람, 타인에게 쉽게 말하지 못한 인생 이야기가 한가득 있는 사람, 내면의 고립된 상처가 있는 사람, 내가 알고 있는 내용을 알려주고 싶은 사람, 누구나 다 좋습니다. 책을 쓰기로 마음먹은 여러분이 글과 함께 단련되고 성장하길 원합니다. 그 시간을 위해서 이 책에서 여러분이 따라갈 수 있는 방향과 방법을 제시합니다.

★★☆

독자의 시선으로 본 에세이의 매력

여러분은 에세이를 왜 읽으시나요? 저는 에세이를 즐겨 읽는 편은 아니었습니다. 어린 시절에는 소설을 좋아했고, 성인이 되고 나서는 인문이나 심리학 또는 자기계발서처럼 실질적인 도움을 얻을 수 있는 책 위주로 읽었습니다. 그러다 에세이의 매력에 빠지기 시작한 것은 제가 에세이를 쓰고 싶어 지면서입니다. 어떻게 써야 되는지 알기 위해서 의도적으로 에세이를 찾아서 읽기 시작했습니다. 베스트셀러와 스테디셀러의 자리를 지키는 책들의 이유가 궁금했습니다. 그렇게 저 혼자 분석하고, 탐구하면서 에세이 쓰는 방법에 대해 연구하게 되었습니다.

에세이를 잘 쓰고 싶어서, 독자의 입장에서 먼저 생각해 보기로 했습니다. '나는 이 책을 왜 읽고 싶을까?, 이 책의 어떤 점이 인상 깊을까?, 결과적으로 이 책을 다 읽고 얻은 감상평은 어떤가?' 여러 에세이 책을 읽으면서 스스로 질문하고 답을 마련해 보았습니다. 그렇게 독자의 시선에서 얻는 에세이의 매력에 대해 정리할 수 있었습니다. 이 매력은 곧 글을 쓰는 작가의 입장에서 독자를 사로잡을 수 있는 핵심인 것입니다.

진정성 : 진심과 정성의 깊이

책을 거의 읽지 않던 지인이 있었습니다. 그 지인이 독서의 재미를 알게 되었습니다. 발단은 개인적으로 어려움을 겪게 된 시기에 받았던 에세이 책을 읽기 시작하면서라고 합니다. 마음이 심란하니 어디에서라도 답을 찾고 또 듣고 싶었던 것이죠. 그렇게 읽게 된 에세이에서 위로를 얻었다고 합니다. 글을 읽으며 문득 자신과 비슷한 상황을 겪은 작가의 이야기를 통해 위로받았습니다. 그리고 그 외로 얻게 된 작가의 교훈적인 메시지에서 용기와 힘을 얻게 되었습니다. 지인은 그렇게 에세이 매력에 빠지게 되었습니다. 이후 종종 서점에 들러 에세이 책을 사게 됐다고 말합니다. 무엇이 변화를 만들어 낸 것일까요?

개인적으로 에세이를 읽으며 느낀 가장 큰 매력은 진정성입니다. 예를 들어 자존감에 관한 책을 에세이와 심리학 분야에서 각각 읽었다고 해봅시다. 전문적인 내용과 정보를 담고 있는 쪽은 심리학 도서입니다. 물론 에세이에서도 작가가 공부하고 알고 있는 정보를 전달하기도 하지만 전문적인 정보 전달의 목적이 약하기 때문입니다. 에세이 글에서 정보성 내용은 부분적으로 들어가는 편입니다. 이러한 포인트가 독자에게는 책의 신뢰를 높여주는 수단이 되기도 합니다. 그렇다고 그 에세이가 전문 서적을 대체할 수 없다는 것은 모두 동의합니다.

독자의 입장에서도 만일 자존감에 관해 공부하고 싶다면, 그 내용을 제대로 담고 있는 전문 분야에서 찾을 것입니다. 그렇다면 자존감을 주제로 한 에세이를 읽는 독자의 심리는 무엇일까요? 바로 저자의 이야기를 통해 얻는 진정성입니다.

내가 자존감에 대해 고민이 있다고 할 때, 누군가 내 고민을 가볍게 여기면 마음이 상합니다. 상대방이 잘못한 것은 없더라도 당사자는 거절감 혹은 수치심을 느끼기 때문입니다. 반대로 내 고민을 누군가 진심으로 경청하고 나누면 그 자체로 힘을 얻습니다. 작가는 독자의 이야기를 직접 들어주는 역할은 할 수 없지만, 헤아리는 입장은 가질 수 있습니다. 먼저 자신의 이야기를 솔직하게 드러냄을 통해서 말입니다. 나의 존재가 존중받는다고 느끼는 것만큼 큰 위로는 없습니다. 그러니 독자가 에세이를 통해 얻는 것은 일종의 헤아림일 것입니다.

독자는 자신과 비슷한 일을 겪고 성장한 작가에게 친밀함을 느낍니다. 반대로 자신이 겪지 못한 일을 통해 생각의 지평을 넓힐 수 있습니다. 독자에게 이러한 공감을 이끌어 낼 수 있는 첫 번째 요인은 진정성, 즉 작가의 진심과 정성입니다. 모든 작가가 진정성 있게 글을 쓸 수 있지만 글의 깊이는 다를 수 있습니다. 이 부분이 중요합니다. 깊이를 만드는 것은, 그 작가가 자신의 삶에 주어진 문제에 얼마나 최선을 다해 부딪히고 성장했는지로 만들어집니다. 깊이는 시간이 증명하는 일입니다.

저자의 고뇌와 애정이 녹아든 글에는 풍미가 있습니다. 한 문장, 한 문단, 무엇을 표현하고 싶은지 그 의도를 거슬러 주제를 곱씹게 만듭니다. 저는 그래서 정성이 있는 글을 좋아합니다. 그런 에세이를 읽으면 덩달아 작가에 대한 존경심이 생깁니다. 인생에서 맞이한 여러 문제 속 자신의 길을 찾기 위해 고군분투한 그 과정에 건투를 빌면서 말이죠.

솔직함 : 인간적인 메시지

제가 에세이 책을 구매하는 또 다른 이유는 저자에 있습니다. 그 책을 쓴 분의 삶이 궁금할 때입니다. 책을 통해 그 사람을 이해하거나, 더 알고 싶을 때입니다. 제가 작가이기 때문인지 몰라도, 다른 작가들의 이야기를 듣는 것을 즐거워합니다. 저 사람은 어떻게 책을 쓰게 되었나, 어떤 이야기를 풀어내고 있나 하면서 말이죠.

그렇게 책을 읽으면 대화로 알지 못했던 것들을 얻게 됩니다. 말과 글의 특성은 다릅니다. 텐션이 높은 사람이 점잖은 글을 쓰기도 합니다. 두 모습 모두 그 사람입니다. 대화만 해서는 알지 못했던 깊은 속내를 글을 통해 알 수 있게 됩니다. 대화로는 나누기 힘들었던 과거의 일화와 아픔도 글을 통해 섬세하게 전해질 수 있습니다. 글은 정적인 글자 안에서 고요하고 깊은 내면을 보여주는 거울이 됩니다. 이때 글이 솔직할수록 매력이 높아집니다. 작가가 스스로 포장하기보다, 연약하고 인간적인 모든 감정을 그대로 표출하는 것이 좋습니다. 실패나 고난 속 무너졌던 일화도 포함됩니다. 사돈이 땅을 사도 배가 아프다는 속담처럼 우리는 타인의 성공에 인색한 입장이 많습니다. 반면 아픔을 통해 성숙해진 이야기를 접할 때는 동경과 함께 호의를 표합니다.

작가의 내면을 포장지로 가린 채 표면적으로 그럴싸한 이야기만 늘어놓는다면 독자로서 글이 재미가 없습니다. 누구나 다 할 수 있는 뻔한 이야기만 들려주고 있으니까요. 독자는 뻔하지 않은 솔직한 이야기를 원합니다. 그 작가가 궁금해서 그 책을 선택했기 때문입니다. 독자는 글을 읽다가 발견한 저자의 민낯에 반가움이 생겨납니다. 센 척이나 잘난 척하지 않고 인생의 번뇌를 있는 그대로 전하면 그 심정에 동감한 독자는 감동하게 될 것입니다.

쉬운 글 : 독서의 이해

에세이는 저자가 자신의 이야기를 풀어내다 보니 글에서 대화처럼 친밀감을 느끼게 합니다. 대부분의 사람들이 딱딱한 강의를 듣는 것은 힘들지만, 편안하게 이야기하는 시간은 부담이 덜합니다. 에세이는 대체로 글이 쉽고 친근합니다. 그래서 독서에 입문하시는 분들도 에세이를 편하게 접할 수 있습니다.

작법서에도 '쉽게 쓰라'는 얘기는 대부분 꼭 들어가 있습니다. 책을 처음 읽는 사람, 그 주제에 대해 모르는 사람도 읽을 수 있을 정도로 말이죠. 에세이는 쉽게 쓸 수 있는 좋은 형식을 갖고 있습니다. 애초에 어려운 개념을 해설해야 하는 과업이 있는 것도 아니니까요. 그저 자신의 인생과 생각과 하고 싶은 말을 잘 풀어내면 되니까요.

다만 쉬운 글이라는 것이 깊이가 없다는 말이 아닙니다. 문장이 잘 이해되도록 적어야 한다는 뜻입니다. 사실 글을 쉽게 쓰는 것은 오히려 쉽지 않습니다. '쉬운'이라는 단어 때문에 착각하게 됩니다. 이런 말도 있습니다. 글쓰기 하수일수록 어려운 문장을 적는다고요. 그만큼 자신의 머릿속에 뒤엉켜 있는 생각들을 정리하고, 쉬운 문장으로 쓰는 일은 어느 정도 내공이 필요한 부분입니다. 또 독자가 잘 이해하도록 쓰기 위해서는 문법도 중요합니다. 주어, 서술어, 목적어의 관계가 어긋나지 않게 써야 합니다. 즉 문장 실력을 올려야 쉬운 글을 쓸 수 있습니다.

이 3가지 부분만 잘 신경 써도 괜찮은 글이 나올 것입니다. 뒤이어 이 책에는 에세이 쓰기의 전략과 방법이 제시됩니다. 이론적인 기준을 제시함에 있어서 우려스러운 부분이 있습니다. 막상 글을 쓸 때 여러분에게 고민을 더 안겨 드리게 되는 것은 아닐까 하는 점입니다. 너무 많은 정보가 한 번에 들어오면 오히려 머리가 과부하되어 행동으로 옮기기 힘들어집니다. 천천히 하나씩 습득하면서 글쓰기의 근육을 늘려 가는 것이 제일 좋습니다.

책에서 나오는 내용은 분명 여러분에 유익할 것입니다. 글쓰가 막막했던 분은 그 원인을 진단하고 방법을 제시함에 있어서 비단 도움이 될 것입니다. 그러니 한 번은 끝까지 다 읽으시고 소화하실 수 있는 부분은 섭취하셨으면 좋겠습니다. 다 읽었는데 적용하기 어렵다면 현재 챕터의 내용, 더 좁게는 이 부분만 기억해도 괜찮습니다. 어떻게 쓸 것인지 기준을 잡는 몫은 전적으로 작가의 마음입니다. 흘러가는 생각을 자유롭게 담을 수 있고, 꼼꼼히 기획을 세워 글을 쓸 수도 있습니다. 제가 분석하고 정리한 내용은, 저에게 맞는 방향이자, 일반적인 고민으로부터 전략을 제시하는 것뿐입니다. 그러니 여러분에게 필요한 만큼 참고하시길 바랍니다. 부족한 이음새를 메꾸듯, 책 쓰기가 막힐 때 도움을 얻으셨으면 좋겠습니다. 부담은 좀 내려놓고 이제 본격적으로 에세이 쓰기를 배워봅시다.

★★★

일기를 에세이로 바꾸는 2가지 포인트

　　일기를 쓸 때는 부담이 없습니다. 쓰고 싶을 때 쓰면 되고, 내가 겪었던 일에 대한 감정과 생각을 솔직하게 적으면 됩니다. 아무에게도 말하지 못한 속내를 털어놓기도 하고, 부정적인 감정을 토로하기도 합니다. 그래도 괜찮습니다. 나를 위해 쓰는 글이기 때문입니다. 기본적으로 일기는 타인이 본다고 가정하지 않습니다. 이 부분에서 일기가 에세이가 되기 어려운 지점이 발생합니다.

　　일기는 내가 쓰고, 내가 보는 '기록'입니다. 〈나는 무엇을 했다 / 나는 어떤 감정을 느꼈다 / 그 일로 깨달음을 얻었다〉같이 일상 속 솔직한 마음을 그대로 풀어냅니다. 반면 책은 독자가 존재합니다. 즉 내 글이 향하는 방향이 있습니다. 이러한 점에서 작가가 독자에게 말을 거는 통로라고 볼 수도 있습니다. 책을 통해 독자는 작가와 대화를 나눌 수 있게 된 것이죠.

독자가 볼 것을 염두하고 접근했을 때 내용이 달라질 수밖에 없습니다. 독자가 흥미를 느낄 수 있도록, 공감할 수 있도록, 이해할 수 있도록 말이죠. 이런 특징이 담긴 일기는 다듬어서 출판하기도 어렵지 않습니다. 물론 책이야 어떻게든 제작할 수 있습니다. 출판사가 없다면, 작가가 직접 편집하고 디자인하고 인쇄하면 됩니다. 그러나 독자의 반응까지 만들어 낼 수는 없기 때문입니다. 에세이 출판은 판매가 가능한 상품을 만드는 일입니다. 그런 점에서 개인적인 일기 형태로 쓴 글을 에세이로 출판하기는 당연히 어렵습니다.

독자가 존재하는 에세이를 쓰기 위한 방법을 알아보겠습니다. 그 시작을 '의미 있거나, 재미있거나'로 제시합니다.

첫 번째 : 의미 있거나

'내가 쓰고, 네가 보는' 글이란 생각을 하고 있어야 합니다. 이때는 〈나는 무엇을 했다 / 나는 어떤 감정을 느꼈다 / 그 일로 어떤 깨달음을 얻었다〉 등의 사실 정리 만으로 끝나지 않습니다. 그 일을 통해 다양한 형태로 사유할 수 있는 포인트가 마련돼야 합니다. 이것을 '의미화'라고 하겠습니다. 독자를 위한 글에 의미화가 있어야 하는 이유는 '필요'를 마련하기 때문입니다. 필요가 있어야 책을 구매합니다. 나에게 필요 없는 책을 열심히 읽을 리 만무합니다. 그렇다면 독자의 필요는 어디서 오는가 생각해 봅시다.

어떤 물건이 고장이 나서 제대로 작동이 되지 않습니다. 문제가 생겼습니다. 이때 작동되지 않는 원인을 안다면 그 해결책만 구하면 됩니다. 새로운 건전지를 찾던가, 부품을 갈아 낀다거나 말이죠. 만약 원인을 모르면 수리점에 가서 진단을 받아야 합니다. 전자의 경우 내가 필요한 것이 무엇인지 알기 때문에 그것을 바로 구합니다. 후자의 경우 필요한 것이 모르지만, 그 필요는 존재하기 때문에 답을 찾으러가 가야 합니다. 이와 같이 필요는 문제 상황 속에서 나옵니다.

독자는 내면에 자신이 해소하고 싶은 무엇인가 있습니다. 정확히 필요한 답을 찾기 위해서나, 방향을 찾기 위해서나, 필요한 무엇인가가 있는 것이죠. 즉, 작가가 자신의 글을 통해 마련한 의미화는 독자의 필요를 채우는 역할을 합니다. 그러므로 일기가 아닌 에세이를 쓰기 위해서는 이 교차점을 이해하고 글을 써야 합니다. 의미화에 대한 자세한 설명은 다음 글의 꼭지에서 계속 나누도록 하겠습니다.

두 번째 : 재미있거나

여기서 '재미'라는 표현은 깔깔거리고 웃는 유머만을 뜻하지 않습니다. 독자가 글에 매료될 수 있는 점을 말합니다. 흥미를 느끼고 독서를 지속할 수 있도록 하는 매력인 셈입니다. 어떤 콘텐츠든 흥미와 재미가 없으면 빠르게 넘겨 버립니다. 책도 마찬가지입니다. 나에게 필요한 메시지가 들어 있지 않은 책이 재미까지 없다면 어떨 것 같은가요? 곧 책을 덮어버릴 것입니다.

여러 작가님의 에세이를 읽어 봤을 때, 소설을 쓰신 분들이 글을 재밌게 잘 잘 쓰십니다. 아무래도 이야기꾼으로 살아남았던 내공입니다. 평범한 일상의 에피소드라도 흥미진진하게 들려주는 방법을 아는 것이죠. 부담 없이 읽히는 쉽고 재밌는 글을 쓰고 싶다면, 내 글이 어떻게 해야 흥미가 있을지 고민해 보시면 좋습니다. 그 방법을 뒤이어 구성된 '소설처럼 쓰기' 차례에서 더 자세히 알아보겠습니다.

세 번째 : 적절한 혼합

가장 좋은 방향은 의미와 재미가 적절하게 섞여 있는 글을 쓰는 것입니다. 사실 어느 한쪽에 치우쳐서 글을 쓴다는 것 자체가 어렵기도 합니다. 이야기의 꼭지마다 의미를 넣으려고 하다간 글이 작위적으로 될 수 있습니다. 반대로 알맹이가 없으면 작가는 글을 쓰는 중심을 잡지 못하고, 독자는 그 책의 아쉬움을 가질 수 있습니다. 글을 잘 쓰는 작가는 의미와 재미를 잘 혼합하여 좋은 구성을 만들어 냅니다. 어떤 부분은 머리를 비우고 재밌게 읽다가, 어떤 부분은 문맥에 담긴 의미를 생각하게 합니다. 노련한 작가가 만든 책에는 밀고 당기는 구성이 돋보입니다.

★★★
알맹이를 만드는 의미화된 메시지

저는 앞으로 에세이를 꾸준히 쓰고 싶은 작가입니다. 실용서 위주로 쓴 책은 10권가량 될 것입니다. 그동안 책을 많이 썼으니, 에세이 쓰기가 수월했을까요? 그렇지 않습니다. 오히려 훨씬 어렵다고 느낍니다. 실용서는 마음잡고 돌입하면 1달이나 2달 안에 원고를 완성하기도 합니다. 그런데 에세이는 그렇게 집필이 되지 않았습니다. 그 이유를 생각해 보니 내용에 있었습니다. 실용서에는 의미화가 필요한 과정이 크게 없습니다. 제가 알고 있는 지식을 풀어내면 됩니다. 마치 강연한다고 생각하고 말이죠. 반면 에세이는 기억 속 의미화된 지점에서부터 출발합니다. 그 이야기를 잘 전하기 위해서는 또 매력적인 내용으로 풀어내는 의미화가 있어야 하는 것이죠.

의미화를 다시 말하면 '분석과 도출'입니다. 이 부분을 알기 위해 개인일기를 다시 떠올려 봅시다. 개인일기는 어떤 날의 기록입니다. 그날 겪었던 사건과 그 일로 느낀 감정을 그대로 풀어냅니다. 즉 '입력과 표출' 두 단계의 과정만 있습니다. 내가 동그라미를 얻었다면, 이제 소지하고 있는 동그라미를 찍어내면 됩니다. 그래서 일기 쓰기는 비교적 쉽습니다.

의미화를 넣은 글쓰기는 더 많은 단계의 작업이 필요합니다. 입력된 값을 그대로 표출하는 것을 넘어서 새로운 메시지를 만들어 내야 하기 때문입니다. 이를 '분석-가공-도출'이라고 볼 수 있습니다. 내가 겪은 경험을 통해 얻은 생각을 의미화하기 위해서 원인을 분석하고, 나의 관념에 따라 새롭게 가공하고, 그것을 논리적으로 도출해 내는 일입니다. 그래서 에세이 쓰기는 머릿속에서 더 많은 사고의 과정을 겪게 됩니다. 또한 도출된 값이

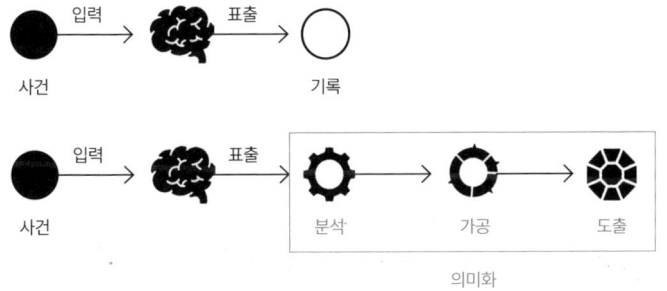

의미화

독자의 반응을 얻을 수 있는지도 고민해야 하죠. 공감이든 흥미이든 끌리는 매력이 있도록 말입니다. 이 지점이 가장 어렵습니다. 그래서 '독자가 존재하는'의 성격을 가진 에세이 쓰기는 결단코 쉬운 작업이 아닙니다.

의미화의 중요성

좋은 에세이는 글을 읽고 나서 깊은 여운을 줍니다. 흐르는 이야기 안에서 전달되는 작가의 철학이 독자의 마음을 어느새 흠뻑 적시는 글입니다. 사색과 성찰을 불러일으킵니다. 작가를 꿈꾸는 사람이라면 누구나 이런 책을 쓰고 싶어 합니다.

독자들이 감탄하고 다시 보고 싶은 에세이를 생각해 봅시다. 그 책들은 어떤 특징과 차별점이 있는 걸까요? 주제나 소재가 색다르기에는 한계가 있습니다. 책을 읽다 보면 사실 비슷한 내용이 많습니다. 비슷한 주제라도 어떻게 다듬고 특징을 잡느냐에 따라 미묘하게 달라진 모양으로 책이 출간됩니다. 어쨌든 특출나게 색다른 책이 나오기 힘들다는 전제에서 독자가 감동하는 포인트는 작가라는 존재에 있습니다.

우리는 모두 세상에 단 한 명밖에 없는 작가입니다. 내 글의 강점은 나만의 고유한 이야기에서 시작됩니다. 그 속에서 발현되는 작가만의 철학입니다. 특히 작가의 필력으로 크게 좌우되는 에세이에서는 더욱 중요한 요소입니다. 에세이를 쓸 때 의미

공유일기 의미화 단락 _ 예시

나는 달리는 차 너머로 시시각각 변하는 풍경을 보며 상상의 나래를 펼치곤 했다. 강원도를 가로지르는 차도는 동해 여행의 매력을 더 살려주었다. 높이 솟은 거대한 산이 대한민국은 산맥의 나라임을 상기시켜 준다. 푸른 삼각형안에 박혀 있는 나무들의 색이 정교하게 다르다는 것이 얼마나 놀라운 일인지. 인간의 언어로 담을 수 없는 색들을 자연은 태초부터 갖고 있다. 울창한 나무가 뒤덮인 산은 멀리서보면 브로콜리 같기도 했다. 나는 그 전경을 보며 하늘 거인이 재배하는 브로콜리 같다는 상상을 하기도 했다. 금새 사라지는 산 줄기를 따라 시선을 옮기다 보면 강이 나왔고, 중간 중간 혼자 우두커니 밭을 지배하는 시골집들도 보였다. '저 곳에 사시는 분은 외롭지 않을까?' 얼굴도 모르는 분에게 심심한 관심을 보내기도 하며 그렇게 평온한 시간을 가졌다. 고양이가 창 밖을 보는 것이 TV 보는 재미와 같다고 들었던 말이 떠오른다. 고양이의 마음을 공감하며 천천히 눈을 깜박인다.

달리는 차창 너머로 멍 때리는 시간.
아무것도 하지 않아도 괜찮은 자리.
내가 여행을 떠났던 이유가
이 순간을 위해서였던 것은 아닐까 생각했다.

화가 핵심인 이유가 여기에 있습니다. 의미화는 작가가 가진 이야기에 폭발적인 에너지를 넣어주는 장치입니다. 그러나 앞서 말했듯 의미화 글쓰기 과정은 쉬운 일이 아닙니다. 창작의 고통이 필연적으로 수반되는 길이기 때문입니다.

어렵게 얻을 수 있는 것이 더 가치 있는 법입니다. 에세이 작가를 꿈꾼다면 여러분 하셔야 하는 일은 진주라는 알맹이를 만드는 조개가 되셔야 합니다. 까끌까끌한 모래가 연신 통증을 유발하더라도 말입니다.

의미화의 두려움

초보 작가(글을 처음 쓰는 분) 일수록 자기 생각을 글에 담는 걸 어려워합니다. 사람들의 평가와 반응이 신경 쓰이고, 두려움과 부담이 찾아오기 때문입니다.

'내 글에 많은 분이 공감하지 않으면 어쩌지?'
'내 글에 잘못된 부분이 있으면 어쩌지?'
'그러니 괜히 나를 드러내지 말자.'

위 내용들은 제가 에세이(습작)를 처음 쓸 때 느낀 어려움이었습니다. 스스로 자신이 없다 보니 글에서 의미를 많이 덜어냈던 기억이 납니다. 알맹이가 빠지니 표현과 포장에만 집중하게 되었습니다. 결과적으로 울림이 없는 맹맹한 글이 되었습니다. 이러한 부담이 있다면 내 상태를 점검해 봅시다.

❶ 자신이 없다

　자신이 쓰는 글의 주제와 내용에 대해 스스로 부족하다고 느끼기 때문입니다. 그 분야에 대해 전문적인 경력이나 학력이 없을 때 부담은 더 커집니다. 출판에 이제 막 뛰어든 사람이 출판 강의를 부탁받으면 당연히 어렵습니다. 자신이 틀린 정보를 제시하고 있으면 어쩌나 걱정이 들어 주눅 든 목소리가 됩니다. 이때는 어떻게 해야 할까요? 방법은 하나입니다. 내가 정한 분야에서 전문가가 돼야 합니다. 명문대학교 교수 같은 전문가는 아닐지라도, 최소한 일반적인 대중보다는 더 많이 알아야겠죠. 이는 작가라면 당연한 덕목입니다. 작가는 자신의 분야에 선생의 역할을 감당할 수 있어야 합니다. 친구 같은 선생이든, 교수님 같은 선생이든 말이죠.

❷ 철학이 부족하다

　의미화가 있는 글을 쓰려면 세상을 바라보는 나의 관점의 중심이 있어야 합니다. 그 중심은 현상을 깊이 바라보고 사유한 통찰력에서 마련됩니다. 풀어낼 철학이 없는데, 억지로 의미화하려면 당연히 잘 나오지 않습니다. 과거의 경험을 통해 삶을 사색하고 성찰해 보세요. 그 묵상을 통해 반성이든, 교훈이든, 나만의 의미를 하나씩 만들어 냅니다. 그것이 여러분의 철학이 되어 의미화된 메시지의 주춧돌을 마련해 줍니다.

❸ 평가가 두렵다

한국 사람들은 타인의 시선에 민감합니다. 그래서 자신의 의견을 잘 제시하지 못하기도 합니다. 이러한 특성은 평가에 대한 두려움을 갖게 만듭니다. 즉, 사람들에게 인정받지 못할까에 대한 염려입니다. 물론 사람의 성향에 따라 타인의 반응을 크게 의식하지 않은 분들도 있습니다.

이 어려움에 대해 제시할 방법은 두 가지입니다. '성장과 극복'입니다. 창작자는 어쨌든 자기 작품을 선보이는 순간 반응에 부딪치는 상황에 놓입니다. 처음일수록 더 심장이 조마조마합니다. 이 순간을 피하지 말고, 견뎌내야 합니다. 그리고 꾸준히 전문가로 나의 길을 개척하며 성장하고, 다시 그 부담을 극복해 나가야 합니다. 그 시간이 반복적으로 쌓이면 어느 순간 단단해진 마음에 여유가 생긴 것을 느낄 수 있습니다. 사람들에게 감동을 주는 에세이를 쓰기 위해 의미화의 중요성을 강조했고, 의미화 글쓰기가 부담스러운 분들의 이유와 방법을 제시했습니다. 이 내용을 읽고 어떤 분들은 이렇게 생각하실 수 있습니다. '뭐야… 지금 바로 의미화된 멋진 에세이를 쓰기 힘들겠는데?' 네, 맞습니다. 흔히 말하는 성공하는 멋진 에세이를 쓰기란 쉽지 않습니다. 시작하자마자 단번에 화려한 스포트라이트를 받는 일은 잘 없습니다. 서점 베스트셀러와 스테디셀러에 놓인 에세이 책 작가들의 정보를 찾아보세요. 그들은 전부 오랜 시간 글쓰기에 전념한 깊이가 있습니다. 또 자신이 살아온 삶에서 부딪치고 부서진 수많은 순간의 고통을 성찰하고 철학을 찾아 나선 개척자들입니다. 포기하지 않는 도전정신으로 자신의 분야에 전문성을 찾아갈 때 어두운 터널을 지난 후 환호성이 들리는 길을 맞게 됩니다.

여러분이 그 길을 가기로 결심했다면 공들일 시간과 노력이 필요함을 잊지 않길 바랍니다. 그 도전의 시작은 실패하는 책을 쓰는 일부터입니다. 쓰고, 깨닫고, 성장하고, 다시 쓰고를 반복하는 과정을 지나면 어느 순간 바라던 이상적인 에세이를 쓸 수 있는 지점에 도착할 것입니다. 포기하지 않는 노력은 나를 배반하지 않습니다. 그러니 의미화에 대한 불편한 마음을 버리고, 독자를 향한 따뜻한 진심과 애정이 전해지는 메시지를 내 이야기에 녹여내도록 노력해 봅시다.

★★☆
의미화를 녹여내는
사건의 고찰점

사건의 발견

책 쓰기는 '전하고 싶은 메시지'에서 비롯됩니다. 그리고 메시지를 만드는 에너지는 변화에서 발생합니다. 그 변화는 마음속에서 시작된 작은 균열이기도 하고, 나를 둘러싼 세계가 확장되는 마찰이기도 합니다.

사람은 살아가는 동안 무수히 많은 사건을 경험합니다. 지금, 이 순간도, 어떤 관점으로 보느냐에 따라 사건이 될 수 있습니다. 우리는 누구나 '나를 나답게 만들어 준' 일련의 사건들을 보유하고 있습니다. 어린 시절의 상처나 트라우마 역시 지금의 나라는 존재를 형성하게 해주는 강한 시발점입니다. 사람의 뇌는 부정적이고 자극적인 사건을 더 깊고 오랫동안 간직합니다. 그 상처와 트라우마를 곱씹었던 긴 시간 동안 얼마나 많은 감정의 변이와 요동치는 내면을 겪어 왔을지 본인만 알고 있습니다. 물리적인 시간으로 따져도 긍정보다 부정적인 사건의 영향력이 훨씬 큽니다. 그래서 내면의 결핍에서 풀어지는 글쓰기는 힘이 있습니다. 분출되기 못하고 쌓여있던 에너지가 터져 나오기 때문입니다. 설령 그 이야기가 부정적인 감정의 해소라고 할지라도 말이죠. 이러한 주제는 글이 빠르게 써집니다. 글이 잘 풀리는 집필은 해방감을 느끼게 해 줍니다. 내면에 얽혀 있던 다채로운 감정과 생각이 가지런한 글자로 정리되고 있다는 희열이 오는 것이죠. 그러므로 내면에 가득 차 있는 글감이 무엇일지 찾아보도록 합시다.

상처와 트라우마를 글로 쓰고 싶을 때 '부정적인 경험을 끄집어내도 될까?'라는 염려가 생길 수 있습니다. 이 점에 대해서 용기를 얻을 수 있는 답을 제시하겠습니다. 먼저, 당신이 쓰려고 하는 과거의 상처는 소멸되고 있는 중입니다. 현재까지 트라우마로 심한 고통을 느끼는 사건은 글감의 후보로 고민하지 않을 것입니다. 아직은 상처가 치유되지 않아 밖으로 꺼내 보이고 싶은 마음이 없을 테니까요. 만일 '그 일에 대해 한번 써볼까?'라는 생각이 든다면, 고통의 영향권을 벗어나고 있거나, 벗어난 상태일 것입니다. 그런 상태라면 자전적 글쓰기는 당신이 더 빨리 치유될 수 있도록 돕는 역할을 해줄 것입니다.

자전적 글쓰기는 심리 치료의 효력이 있습니다. 자기표현 글쓰기가 내면의 안정과 트라우마를 벗어나는 데 도움을 준다고 합니다. 내면의 상처를 글로 풀어낸 경험이 있는 사람이 정서적으로 더 안정되고, 의사를 찾는 일이 급격히 줄었다는 과학적 통계도 존재합니다. 글을 쓰면서 과거 사건 속 느꼈던 감정을 살피고, 스스로 돌아볼 수 있게 되기 때문입니다. 나에게 집중하고 이해하는 시간이 있다는 것은 마음을 안정되게 해주는 요인입니다. 그러므로 현재의 나의 존재를 형성하게 한 주요한 사건들을 생각해 봅시다. 또 미래의 이상적인 내가 되기 위해 의미를 부여할 수 있는 사건도 설정해 봅시다. 사건이 많을수록 쓰고 싶은 이야기가 늘어납니다. 풀어내고 싶은 주제가 쌓입니다. 여러분은 어떤 사건의 조각을 가지고 있나요?

사건을 발견하는 가이드

- 새로운 교훈이나 생각을 얻었던 사건을 찾아봅시다.
- 인생의 가치관을 형성되게 해준 사건을 찾아봅시다.
- 전하고 싶은 메시지가 있는 사건을 찾아봅시다.
- 마음에 자리 잡고 있는 고통과 상처를 살펴봅시다.
- 현재 고민과 풀리지 않는 문제를 정리해 봅시다.

사건의 중요성

글을 쓰고 싶은 사건이 있다면 그 이유에 대해 생각해 봅니다. 왜 그 이야기를 쓰려고 하는가, 그 이야기를 통해 무엇을 전하려고 하는가, 그 이야기를 풀어내는 것은 나에게 어떤 영향을 미치는가, 등 사건의 의미를 찾아보는 것입니다. 그렇게 의미를 하나씩 생각하다 보면 중요 순위가 매겨집니다. 나에게 큰 영향을 미친 사건은 순위가 높습니다. 그리고 중요한 사건일수록 더 섬세하고 깊게 글을 풀어냅니다. 반대로 그렇지 않은 사건은 가볍게 쓰고 끝낼 수 있습니다.

사건의 중요성을 들여다보는 이유는 내면 깊은 감정을 다시 살펴보기 위해서입니다. 과거 감정이 요동쳤던 때를 생각하다 보면, 그 순간을 통해 만들어졌던 '사건의 의미' 파편을 발견할 것입니다. 언젠가 마음의 여유가 생겼을 때, 그 사건을 통해 내가 얻고 배운 것이 무엇인지 알게 됩니다. 이후 그 모든 과거를 감사할 수 있는 시점에 긍정적 의미화가 발생합니다.

사건의 중요성 질문

- 그 사건은 왜 당신에게 의미가 있나요?
- 그 사건이 당신에게 어떤 영향을 주었나요?
- 그 사건을 떠올릴 때 감정이 어떤가요?
- 그 사건을 통해 무엇을 전하고 싶나요?

사건의 연결성

과거 사건이 발생했던 시점 나와 관계된 주변 상황과 환경을 생각해 봅니다. 사람은 관계에서 갈등을 겪고 문제가 생기는 경우가 대다수입니다. 대부분의 사건은 그 속에 얽혀 있는 인물이 있기 마련입니다. 이때 좋은 이야기로 풀어낼 수 있는 관계가 있지만, 그렇지 않은 관계도 있습니다. 그래서 사건의 연결성을 통해 고찰해야 할 점은 입장을 넓혀 보는 것입니다. 지극히 나를 위한, 자기연민의 측면으로 모든 사건을 바라보면 의미 없습니다. 상대방의 입장이 되어서 새로운 시각으로 사건을 보거나 또는 제삼자의 관점으로 접근해 볼 수 있습니다. 이타적인 관점을 끌어올려 '입장 바꿔 생각'하는 것이죠. 그럴 때 이전에 깨닫지 못한 교훈을 얻을 수 있습니다.

사건의 연결은 현재의 의미로 확장을 일으킵니다. 그 사건이 발생하던 때 과거의 나는 어떤 사람이었고, 현재는 어떤 모습이고, 얻은 교훈을 통해 미래에 어떤 사람이 되고 싶은지 고찰할 수 있습니다.

사건의 연결성 질문

- 그 사건은 누구와 어떻게 연결되어 있나요?
- 그 사건이 발생할 때 나는 어떤 사람이었나요?
- 후회, 반성 등 그 사건만의 교훈이 있나요?

사건의 확장성

사건의 확장성은 자기실현의 한 축입니다. 나라는 존재의 탐구를 통해, 가장 첫 번째 독자인 자기 자신에게 전하는 삶의 철학입니다. 이 단계는 사실 진술이 아니라는 점에서 가장 어렵습니다. 내면이 정리되지 않으면 글이 나오지 않습니다. 때로는 자연을 감상하면서, 오랜 시간 산책을 하면서, 좋아하는 카페나 장소에 가면서, 내 마음이 편안해지는 곳을 방문하는 등 마음의 여유를 마련하고 사색에 빠져 봄이 좋습니다. 애쓰지 않는 사유의 시간 속에서 나라는 존재는 어떤 모양이 되고 있는지 흘러가는 모양을 발견하는 때가 생길 것입니다. 사건의 확장성을 결국 '그래서 얻은 결론'으로 요약될 수 있습니다. 그 결론은 현재의 내가 나아가는 '방향성'입니다. '내가 되고 싶은 사람, 이상적인 목표, 추구하는 가치관, 정립된 삶의 기준, 삶을 바라보는 관점과 태도'를 담고 있습니다.

사건의 확장성 질문

- 그 사건에서 얻은 결론은 무엇인가요?

- 그 사건의 후회로 반성하고 있는 부분이 있나요?

- 그 사건의 영향으로 현재의 나는 어떤 상태인가요?

- 그 사건의 교훈으로 앞으로 어떤 사람이 되고 싶나요?

- 그 사건의 배움으로 어떤 노력을 하고 있나요?

★★☆

재밌게 읽히는 글
소설처럼 쓰기

앞서 일기가 에세이가 되기 위해 두 가지를 말했습니다. '의미 있거나, 재미있거나' 이제 그 재미에 대해 알아보겠습니다. 에세이를 소설처럼 집필해 보는 방식입니다. 소설은 독자를 그 이야기 세계로 초대하는 매력이 있습니다. 책을 읽는 동안 독자는 이야기 속을 향유하는 인물이 됩니다. 이야기와 결합한 독자는 그 세계를 빠져나오기 위해서라도 책을 끝까지 읽게 됩니다. 이러한 매력이 내 글에도 있다면 어떨까요? 독자가 문학적으로 음미할 수 있고, 오랫동안 나의 세계를 감상할 수 있다면, 작가로서는 그야말로 뿌듯한 성취감을 느낄 것입니다.

예문

수능이 끝난 후 한 번은 자정이 가까운 시간이 다 돼서 집을 뛰쳐 나갔다. 어디든 가버리고 싶은 마음이 극에 달해버렸다. 온갖 스트레스로 지쳐있었던 내면이 조금씩 금이 가다 폭발해 버린 것이다. 그 당시 나는 아직 미성년자였고, 집을 벗어나 사라질 수 있을 정도의 일을 저지를 용기는 없었다. 그냥 이 갑갑한 마음을 위로하고자 잠시 바람을 좀 쐐야겠다고 생각했다. 버스정류장으로 가서 무작정 내 앞에 도착한 버스에 올랐다. 차창 너머로 흔들리는 네온 불빛들을 보고 있으면 기분이 좀 나아질 거라 여겼다. 얼마쯤 시간이 지났을까, 불현듯 버스 창문에 머리를 쿵 하고 박은 뒤 잠에서 깨어났다. 나도 모르게 잠이 든 것이다. 위치를 파악하고자 둘러본 차창 밖은 매우 낯선 곳이었다. 높이 솟아 있어야 할 건물들은 보이지 않고 처음 보는 생소한 밭들이 듬성 듬성 보였다. 이 버스는 깜깜한 어둠 속에서 도심을 벗어나고 있었다. 시간을 보니 어느덧 12시, 엎친 데 덮친 격으로 핸드폰마저도 배터리가 10% 미만이었다. 수중에는 방전 되어가는 핸드폰과 교통카드 뿐이었다. 버스 안에 사람이라곤 나뿐이었다. 나는 덜컥 겁이 났다. 황급히 버스의 노선을 다시 확인하고 기사님에게 물었다. 그러자 이 버스는 하루 일과를 끝내고 경기도의 어느 종착지를 향해 가는 길이라고 하셨다. 나는 더 외진 곳으로 빠지지 않기 위해 그나마 인기척이 보이는 장소에 내렸다. 물론 전혀 어딘지 모르는 곳이었다. 그때 느낀 공포는 상상 이상이었다. 이런 상황에서 어떻게 행동해야 옳은 것인지 판단하기 어려울 만큼 어린 나이였다. 짧은 순간 '무작정 서울 표지판을 찾아서 따라 걸어갈까' 하는 무모한 생각도 했지만 점점 짙어지는 어둠이 소스라치게 무서워서 포기했다. 가방도 없이 후줄근한 추리닝을 입은 딱 봐도 미성년자 여자 아이. 번화가에서 이런 아이가 홀로 걸어간다는 건 무척이나 위험한 일이었다(정말로 낯선 남성이 쉴 곳을 준다며 부르거나 따라오기도 했었다). 술에 취한 사람들이 나를 이상한 눈으로 쳐다보았다. 나는 그 시선이 두려웠다. 돈도 없어서 택시를 탈 수도 없었다. 피시방이나 찜질방은 미성년자 출입금지였다. 그럼에도 집에 전화하기는 너무나 싫었다. 나는 내 나름대로 이 위험한 번화가의 밤을 버틸 방법을 찾아야 했다. 겨우 찾은 방법은 24시간 피시방이 있는 상가 여자 화장실 칸에서 밤을 지새우는 것이었다. 그나마 드문 드문 들리는 사람들의 발소리가 적막한 공포를 없애주었다. 그렇게 나는 가장 은밀하고 후미진 곳에서 몸을 숨겼다. 전원이 꺼진 핸드폰을 손에 꼭 붙잡고 뜬 눈으로 밤을 지새웠다. 화장실로 미세하게 햇빛이 들어올 때 얼마나 안도했는지 모른다. 끝이 있는 어둠은 희망을 마련한다.

'집으로 갈 수 있다...!'

그렇게 새벽 첫 차를 타고 집으로 돌아와 그대로 실신했다.

_습작

물론 소설 같은 글은 일부 문장만으로 전체적인 느낌을 파악할 수는 없습니다. 한 편의 이야기의 흡입력이 중요하기 때문입니다. 그런데도 위의 예문에서 우리가 살펴볼 수 있는 특징이 있습니다. 바로 '표현'입니다. 소설은 서사의 전개를 위해 표현과 묘사가 중요한 글입니다. 이런 특징을 정리하여 에세이도 적용할 수 있는 4가지 방법을 안내합니다.

시각적 장면

여러분이 5분 정도의 아주 짧은 영화를 봤다고 가정해 봅시다. 그 영화를 친구에게 최대한 자세하게 묘사하여 설명하는 과제를 받았다면 어떨까요? 이야기를 듣는 친구가 머릿속에 영화의 장면들이 구현될 수 있도록 말입니다. 단지 '주인공이 어떤 일을 했는데, 어떤 결론을 맺었어.'라고 말하는 것은 묘사가 아닙니다. 영화의 줄거리 요약일 뿐이죠. 묘사란 내가 본 장면을 시각적으로 표현할 수 있어야 합니다. '주인공은 30대 초반의 여자야. 머리는 늘 묶고, 안경을 쓰고 다니고, 평범한 체격에, 단정한 옷차림, 그야말로 모범생 혹은 선생님 같은 깔끔한 이미지야. 주인공은 언제나 규칙적인 생활을 해. 아침 7시에 일어나서 가볍게 스트레칭하고, 8시에 토스트를 먹고, 8시 30분이면 출근하기 위해 집을 나서지. 그런데 어느 날 그녀는 그녀가 지켜오던 평화로운 일상의 규칙이 깨져 버린 거야.'

시각적 장면을 살려서 한 장면을 여러분에게 글로 전해보았습니다. 어떤가요? 머릿속에 주인공에 대한 모습이 구체적으로 그려지실 것입니다. 소설은 글만으로 독자를 이야기 세계로 초대해야 해서 장면의 묘사가 꼭 필요합니다. 그래야 독자가 상상을 통해 필요한 장면을 만들어 갈 수 있습니다. 에세이 글에서도 이처럼 장면 묘사를 활용한다면 시각적인 매력이 살아나게 됩니다.

시각적 장면 쓰기 연습을 하기 위해 특정 사진을 정해서 눈에 보이는 모든 것을 묘사해 보도록 합니다. 이때 내가 쓴 글을 누군가에게 보여주고, 그 사람이 사진과 비슷한 이미지를 생각해 낼수록 성공입니다. 이후 짧은 영상 찾아서 글로 묘사하고 전달해 보는 연습을 해봐도 좋습니다.

감각적 표현

이미지를 잘 묘사하기 위해서는 센스가 필요합니다. 주인공을 최대한 구체적으로 묘사하겠다고 2~3페이지 분량으로 설명하면 어떨까요? 읽다가 지쳐 버릴 것입니다. 글의 중간중간 필요한 표현을 살릴 때는 작가의 센스가 중요합니다. 분량은 어느 정도 할 것인지, 어떻게 감칠맛 나게 묘사할 것인지 등 말입니다. 이런 감각은 이론적으로 설명하는데 한계가 있습니다. 소설을 많이 읽다 보면 작가가 어디서 어떻게 표현에 힘을 싣고 빼는지 알 수 있습니다. 눈에 보이게 됩니다. 다만 소설을 쓰는 게 아니니

때때로 필요하나 의도적인 표현을 신경 쓰며 글을 써 나가면 됩니다. 감각적인 표현을 센스 있게 잘하기 위해서 작가는 문장의 밀당이 필요합니다. 적절한 긴장감이 있는 흐름으로 감칠맛 나는 이야기가 될 수 있도록 말입니다. 이런 집필 역량은 한 번에 얻어지진 않습니다. 꾸준히 책을 많이 읽고, 글쓰기 근육을 키워서 실력을 향상할 수 있습니다.

적절한 비유

비유 역시 표현법 중 하나입니다. 비유는 장면을 더 재밌게 상상하게 해주는 역할을 합니다. 아까 위에 제시한 '30대 초반의 여자'의 묘사에서 비유를 추가해 보겠습니다. '그녀는 오즈의 마법사에 나오는 양철 나무꾼 같았다' 이 문장으로 규칙적인 일상을 사는 그녀의 이미지가 더 차갑게 변했습니다. 인간적으로 따뜻한 감정을 잘 느끼지 못하는 냉철한 사람으로 떠오릅니다. 반면 '그녀는 연약한 가시에 의지하는 한 송이의 장미 같았다'라고 비유한다면, 겉으로는 차가워 보이지만 속은 여린 사람이라는 것을 느낄 수 있습니다. 비유는 사실적 묘사로는 제시하지 못하는 더 풍부한 그림을 그려줄 수 있습니다. 다만 비유를 너무 무분별하게 남발하면 글을 읽는데 피로감이 높아질 수 있습니다. 중요하게 표현해야 하는 부분, 독자의 상상력을 더 끌어냈으면 좋겠는 부분에서 사용해 봅시다.

흐르는 서사

소설은 한 편의 이야기의 흐름입니다. 그러니 서사가 중요합니다. 에세이는 같은 주제로 연관성이 있는 단편의 글이 엮인 경우가 많습니다. 만일 소설 같은 에세이를 쓰고 싶다면 에피소드가 이어지는 흐름을 주는 것이 좋습니다. 〈달리기를 말할 때 내가 하고 싶은 이야기〉에서 무라카미 하루키의 달리기 경험담이 나옵니다. 마라톤을 시작하게 된 상황, 숱하게 연습하고 대회에 참전했던 시간, 이제는 노년이 되었지만 그런데도 도전하는 현재. 이러한 일련의 시간 안에서 글이 흘러갑니다. 독자는 한 사람의 인생을 서사의 흐름에 따라 읽어나갈 수 있습니다. 나의 이야기를 풀어내고 싶을 때 서사적인 흐름을 사용하기 좋습니다. 이야기의 시작점을 어디서부터 하고, 어떻게 전개되며, 어디서 끝맺음할지 고민하여 글의 흐름을 만들어 봅시다.

소설 같은 에세이 쓰기는 소설 쓰기가 아닙니다. 소설과 에세이는 다른 문학입니다. 다만 소설의 느낌과 뉘앙스를 에세이에도 가미할 수 있다는 점을 알면 집필에 도움이 됩니다. 나의 이야기가 독자에게 쉽고 재밌게 전달될 수 있도록 말이죠.

★★☆

에세이는 형식이 없는 글 일까?

　　에세이는 형식이 있는 글일까요? 에세이 쓰기 모임에서 이런 질문을 던져 봤습니다. 대답은 다양했습니다. '없는 것 같아요. 있는 것 같아요. 없는 듯 하지만, 있는 것 같아요.' 이 부분에 대해 제가 정리한 답은 이렇습니다.

　　**형식이 자유롭다는 점에서 없다고 볼 수 있지만,
　　작가 입장에서는 주제에 맞는 형식을 생각해야 좋은 글이 나온다.**

　　에세이를 (좀 더 잘) 쓰고 싶어서 이 책을 읽고 있는 여러분이기에 형식에 대해 설명을 드리려고 합니다. 형식이란 무엇인지 이해하고, 글을 쓸 때 작가 스스로 기준을 잡을 수 있도록 하기 위함입니다. 이 말은 에세이에 정해진 형식이 꼭 있다는 뜻이 아니라, 명확한 콘셉트를 마련하기 위해 글의 방향과 경로를 정하는 것이라고 생각하면 됩니다.

형식의 사전적 정의는 '일을 할 때의 일정한 절차나 양식 또는 한 무리의 사물을 특징짓는 데에 공통적으로 맞춘 모양'이라고 나와 있습니다. 또 '다양한 요소를 총괄하는 통일 원리'라고도 덧붙여 있습니다. 이 두 정의를 통해 형식은 일을 하는 사람에게 필요한 기준임을 알 수 있습니다. 일정한 양식이나 총괄하는 원리가 있다면 작업이 보다 수월해질 테니까요.

이번에는 에세이의 정의를 보겠습니다. 사전에 에세이를 검색해 보면 '정해진 형식이 없다' 혹은 '형식에 얽매이지 않고'라는 뜻을 가지고 있습니다. 형식이란 일을 할 때 필요한 일정한 양식이라고 했을 때, 형식이 없다는 뜻을 문자 그래도 이해하면 안 되겠습니다. 없으니깐 내 마음대로 글을 쓰면 되겠지가 아니라, 그만큼 작가의 의도하에 자유롭게 구성할 수 있는 것이라고 생각해야 합니다. 이 대목에서 한번 더 확인하고 넘어갈 점은 어떤 목적의 글을 쓰기 원하느냐입니다. 만약 개인 소장용의 일기 같은 글을 쓸 심산이라면 형식이 정말 없어도 됩니다. 어떤 날은 소설처럼, 어떤 날은 시처럼, 그날그날 마음 가는 대로 기록하면 됩니다. 그러나 상업적인 출판을 염두하고 글을 쓴다면 통일된 모양이 있어야 합니다. 그 모양이 곧 출판 기획이 되고, 콘셉트가 되는 것이죠. 수필 쓰기의 저자 이정림은 자신의 책에서 이런 내용을 '무형식의 형식'이라고 말하고 이렇게 설명했습니다.

> 글이란 생각과 느낌을 형상화한것인데 어떻게 형식이 없을 수 있겠는가. '무형식의 형식'은 형식이 없다는 것이 아니라 형식이 다양하다는 것을 뜻한다.
>
> _ 수필쓰기

형식에 얽매이지 않는 자유로운 글을 쓰고, 그 글이 출판되었을 때 독자에게 많은 사랑을 받고 싶은가요? 그렇다면 글쓰기에 엄청난 고수가 되어야 합니다. 이정림 저자의 말대로 '치밀한 짜임조차 독자가 느끼지 못할 정도로 자연스럽게' 쓸 수 있는 경지에 이르러야 할 것입니다. 이를 위해 좋은 구성은 둘째치고 독자를 매료시키는 필력이 있어야겠습니다. 문장에 흡입되어 나도 모르게 페이지를 술술 넘길 수 있도록 말이죠. 우선 이야기의 기본적인 형식과 구성을 보겠습니다.

글의 3단 구성

글의 구성은 내 글의 흐름을 마련하는 일입니다. 소설에서는 이러한 구성을 중요하게 여깁니다. 이야기를 전개시키고 알맞은 결론으로 당도해야 하기 때문입니다. 대다수의 사람들은 책의 1장부터 순차적으로 읽습니다. 독서 행위에서 어찌 되었든 하나의 흐름이 발생합니다. 그런 의미에서 에세이도 구성의 흐름이 좋을 때 독자가 책을 잘 읽을 수 있습니다.

이 구성은 꼭 글을 쓰기 전에 기획해야 하는 것은 아닙니다. 작가의 스타일에 따라, 글쓰기 방식에 따라 알맞게 적용할 수 있습니다. 처음부터 구성을 잡고 시작하는 게 편한 사람이 있고, 글을 다 쓰고 편집을 하면서 구성을 만드는 사람이 있습니다. 어떤 경우든 상관없지만, 중요한 것은 독서의 흐름을 배려하는 구성이어야 한다는 점입니다.

글의 기본 구조는 3단(서론-본론-결론) 구조입니다. 에세이도 마찬가지로 3단 구조의 형식을 갖습니다. 이 구조는 내용 흐름에 따라 4단이나 5단으로 다시 구분될 수 있습니다. 서론, 본론, 결론은 매끄럽게 글을 읽어나갈 수 있도록 각 부분에 맞는 역할이 있습니다. 또 서론에서 결론으로 도달하기까지 점차적으로 책의 주제가 전달돼야 합니다. 구조가 어떻게 연결되어 내용이 전개될지 기획을 잘한다면 매끄러운 글이 됩니다. 글을 잘 쓴다는 것은 좋은 문장을 적는 것 이전에, 논리적인 구성을 연결해 내는 능력이 필요합니다.

한 편의 글을 쓰는 것은 길을 떠나는 것과 비슷합니다. 아무리 짧은 여정이라도 출발지와 목적지가 있습니다. 목적지에 가는 저마다의 이유를 마음에 품고 교통, 거리, 시간, 동행자 등을 정하고 길을 나섭니다. 때로는 목적지를 정하지 않고 떠나는 여행도 있습니다. 이 경우는 방향보다 현재 도달하는 여정 그 자체에 많은 의미를 둡니다. 글 역시 똑같습니다. 주제 안에서 어떻게 시작하고, 어떻게 결론을 맺을지 출발점과 도달점이 있어야 독자는 그 이야기의 여정을 함께 떠날 수 있습니다. 작가 입장에서도 목적지가 정해져 있어야 방향을 잃지 않습니다. 이 목적지는 결과적으로 주제를 통해 말하고 싶은 요점입니다.

　기본 구성을 이해했다면 내 이야기가 어떻게 전개되면 좋을지 어렴풋이라도 떠올려 봅시다. 희미한 윤곽이라도 괜찮습니다. 구체적인 형상은 글을 쓰면서 마련해 가면 됩니다. 집필의 물결에 올라타면 진전해 나갈 방향이 보입니다. 마치 안개 낀 거리에서 10m 앞은 잘 보이지 않지만, 바로 한 발자국 옮길 수 있는

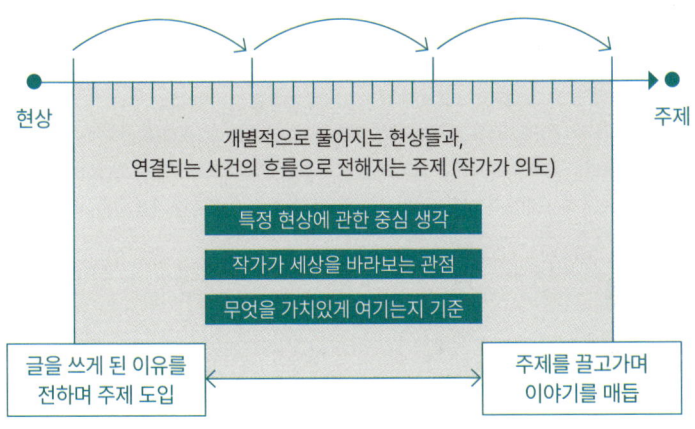

* 이야기 구조

	3단 구성 (기본적/논리적)	4단 구성 (반전/결말강조)	5단 구성 (서사적/사건 중심/플롯)
처음	서론	기	발단
			전개
중간	본론	승	위기
		전	절정
끝	결론	결	결말

	3단 구성 (기본적/논리적)	4단 구성 (반전/결말강조)	5단 구성 (서사적/사건 중심/플롯)
처음 - 서론	- 도입 내용은 짧고 빠르게 쓰여지도록 - 독자를 위한 공간, 독자의 입장에서 시작 - 독자의 관심 끌기 - 글의 전체적인 배경이나 이야기를 쓰게 된 이유 - 서술자의 현재 상황에서 접근			
중간 - 본론	- 작가가 말하고 싶은 이야기 - 결말로 잘 이끌어 가기 위해 짜임새 있는 구성 - 주제를 뒷 받침하는 메시지를 적절하게 반영 - 독자의 흥미를 잡는 재밌는 이야기와 구성			
끝 - 결론	- 결말은 가장 먼저 생각하기 - 주제를 희망적으로 풀어내기 - 풀어놓았던 사건과 문제 정리 - 작가와 독자의 감정 공유			

이야기의 구조안에서 스토리와 플롯을 고민합니다.
스토리란 시간 경과에 따라 흘러가는 이야기의 서술방식이고,
플롯이란 인과 관계에 따라 강조하고 싶은 순서로 보여주는 서술방식입니다.
잘 짜인 에세이의 구조는 드라마틱한 플롯이 작가의 의도로 숨겨져 있습니다.

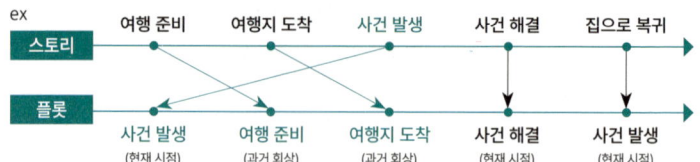

시야는 확보할 수 있는 것처럼 말입니다. 그때 여러분은 잘 짜인 구성을 위한 설계가 시작되어야 합니다.

책은 단락과 단락이 이어진 구성으로 전개됩니다. 문장 하나를 잘 쓰는 사람보다, 구성을 잘 엮는 사람이 더 매력적인 책을 만들어 냅니다. 어떤 내용이 언제 어떻게 전해 지는지에 따라 독자의 반응이 달라집니다. 독자를 매료시키는 책을 쓰고 싶다면 좋은 구성을 마련할 수 있어야겠습니다. 뒤이어 5가지 메시지 형식에 대해 소개합니다. 이는 시중에 출간되는 에세이의 특징을 분석하여 마련한 것입니다. 모든 책을 이 형식에 따라 분류할 목적이 아닙니다. 다만 글을 쓰는 입장에서 폭넓게 참고할 수 있는 기준을 마련합니다.

★★★

메시지 전달 형식
5가지 방향

　　저는 창작을 할 때 그 속에 담기는 메시지를 염두하는 편입니다. 비단 책쓰기에서만 적용되지 않습니다. 제가 쓴 다른 책에서 메시지의 의미를 이렇게 서술했습니다.

　　[예술의 특성 중에는 소통이 있다. 창작이 예술의 범주에 들어간 활동이라고 보았을 때, 작업의 결과물은 소통의 창구가 된다. 우리가 창작을 통해 대중과 소통한다고 할 때 주목해야 할 점이 바로 메시지다. 메시지에는 '누가, 무엇을, 누구에게'라는 흐름이 있다. 효과적인 메시지가 되기 위해서는 전달하는 내용을 그 대상에게 왜 전달하고자 하는지 이유에 진정성이 담겨야 한

다.] 책은 독자와 소통하는 통로입니다. 그 통로를 통해 메시지가 전달됩니다. 메시지란 특정한 사실을 알리거나 나의 생각과 주장을 전달하기 위해 풀어내는 말의 구조입니다. 말하는 사람과 듣는 사람이 있습니다. 바로 작가와 독자입니다.

다른 분야보다 에세이는 특히 더 작가와 독자 간 소통에 초점이 맞춰집니다. 만나 본 적 없는 두 사람이 책을 통해 대화를 나누기 때문입니다. 작가는 이미 자신의 삶과 생각을 책을 통해 나누었습니다. 그 책을 읽은 독자는 작가의 이야기를 들은 셈입니다. 독자는 직접 작가에게 답변할 수 없지만, 사유는 할 수 있습니다. 작가의 글에 공감하고 감동받은 폭이 큰 만큼 독자는 팬이 됩니다. 그렇게 독자는 작가와 일방적인 관계를 맺습니다.

에세이 글의 핵심적인 특징은 '관계성'입니다. 책으로 작가와 독자의 교류가 일어나기 때문입니다. 에세이가 독자와 관계를 맺는 일이라고 했을 때, 우리는 타인의 말을 귀담아듣는 소통 방법이 무엇이 있는지 먼저 생각해야 합니다. 그렇게 전달되는 메시지의 특성을 이해하고 책 쓰기에 적용합니다.

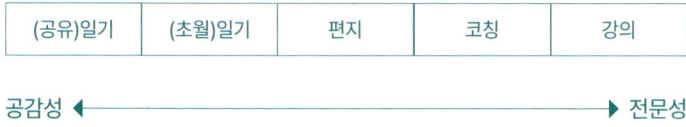

<5가지 메시지 전달 형식>

(공유)일기	(초월)일기	편지	코칭	강의

공감성 ◀━━━━━━━━━━━━━━▶ 전문성

공유일기

독자와 공유할 수 있는 의미화된 메시지가 있는 글은 에세이가 될 수 있습니다. 공유일기는 작가의 개인적인 이야기로 접근합니다. 작가가 겪은 사건의 부분을 집중적으로 관찰하면서, 그 속에서 발견한 의미와 생각을 전합니다. 공유일기 형식의 에세이 저자는 꼭 특정 분야의 전문가가 아니어도 괜찮습니다. 자신만의 이야기를 매력적으로 풀어낼 수 있는 누구라도 글을 쓸 수 있습니다.

①-집중된 주제 찾기 : 공유일기 에세이를 쓰려면 어떤 주제나 사건을 집중하여 다루는 것이 좋습니다. 인지도 없는 작가의 개인적인 일기 같은 글을 흥미롭게 봐주는 독자는 없습니다. 분명한 콘셉트를 도출해 낼 때, 그 주제에 관심이 있는 독자가 작가의 이야기를 들어보고 싶어서 책을 읽게 됩니다.

②-소설 같은 흐름 : 공유일기는 누구나 쓸 수 있는 글이기 때문에 내용의 깊이가 얕을 수 있습니다. 이때는 작가의 이야기 자체에 재미를 느끼게 하는 게 좋습니다. 바로 소설처럼 술술 읽히는 흐름을 마련하는 것입니다. '이야기'로 접한 독자는 작가의 삶에 진입하며 재밌게 책을 읽어나갈 수 있습니다.

③-친근한 접근 : 공유일기는 글과 디자인 등 책의 전반적인 분위기를 친근하게 느껴지게 하는 게 좋습니다. 일상을 공유하는 내용으로 독자에게 친구처럼 편안하게 다가갑니다.

죽고 싶지만 떡볶이는 먹고 싶어 / 백세희

저자가 기분부전장애와 불안장애로 정신과를 다니며 심리 상담 대화를 녹음한 것을 책으로 펴냈다. 이 책은 저자가 받은 심리 상담을 이야기로 풀어진다. 경도의 우울증으로 일상 생활 속 고충을 겪는 이들의 아픔을 공감하며, 자신의 이야기를 솔직하게 오픈하여 친근감을 높였다.

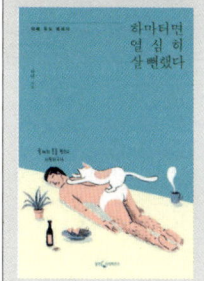

하마터면 열심히 살 뻔 했다 / 하완

제목부터 친근한 공감을 자아내는 이 책의 소개 문구는 이렇다. <열심히 '내' 인생을 살기 위해 더 이상 열심히 살지 않기로 결심했다. '한 남자의 인생을 건 본격 야매 득도 에세이'> 자신의 경험과 생활을 위트를 가미하여 소신있게 풀어내고 있다.

요가 매트만큼의 세계 / 이아림

요가는 몸과 마음을 단련하는 수련이다. 내 몸의 크기보다 조금 더 큰 매트위에서 긴장을 내려놓고, 몸의 통증을 느끼며 뭉친 근육을 조금씩 늘려나간다. 저자는 요가 동작의 과정을 풀어내면서 삶을 바라보는 방식을 소소하게 전하고 있다. 일상의 경험속으로 집중한 주제다.

제 마음대로 살아보겠습니다 / 이원지

여행 에세이도 공유일기 형식으로 들어갈 수 있다. 이 책의 저자는 인기있는 여행 유튜버로, 20대와 30대를 지나며 겪은 청춘의 고민을 여행이라는 경험을 통해 풀어내고 있다. 여행 기록은 시간의 흐름을 갖고 있기 때문에, 저자의 삶을 들여다 보는 한 편의 이야기 구조를 갖는다.

초월일기

작가가 자신의 삶을 깊이 있게 사유하며 풀어낼 수 있는 글을 초월일기라고 말하겠습니다. 작가는 인생을 회고하며 철학적 주관을 갖습니다. 이러한 글은 자신의 내면을 깊이 성찰한 내공 있는 작가가 쓸 수 있습니다. 독자는 그 저자에 대한 존경심을 가지고 글을 접하기 원합니다. 이러한 책들의 작가는 자신의 분야에 전문성이 있습니다. 어느정도 인지도가 있기 때문에 작가의 글을 좋아하고 찾는 팬이 있습니다.

①-성찰하는 메시지 : 초월일기는 작가의 삶을 살아가는 한 방법을 보여주는 내용으로, 독자 역시 성찰할 수 있는 메시지가 있어야 합니다. 일반적인 경험 이상을 공유할 수 있는 '초월성'을 지녀야 합니다.

②-감각적인 글쓰기 : 초월일기는 독자가 책을 읽고 작가에 대한 존경심이 생겨날 수 있어야 합니다. 이를 위해서 집필 능력은 필수로 갖추고 있어야 하는 부분입니다. 이미 한 두 권 책을 써본 솜씨가 아니라는 것을 독자는 자연스럽게 느끼고, 작가로서의 전문성을 인정하고 신뢰할 수 있습니다.

③-진중한 분위기 : 성찰하는 메시지가 담기기 때문에 글의 분위기가 너무 가볍지만은 않습니다. 때때로 위트가 녹아들 수 있지만 주된 분위기는 인생 선배의 이야기를 귀담아 들을 때 느끼는 진중함이 가미되어 있습니다.

달리기를 말할 때 내가 하고 싶은 이야기 / 무라카미 하루키

세계적인 소설가로 알려진 하루키는 자신을 소설가라는 직업과 함께 '러너(마라토너)'라고 말한다. 이 책에서 그가 얼마나 달리기를 사랑하는지, 쉬지 않고 임하고 있는지 알 수 있다. 마라톤 출전 경험을 긴 호흡으로 풀어가며 그 속에서 자신의 인생관을 조망하며 펼쳐낸다.

나는 앞으로 몇 번의 보름달을 볼 수 있을까 / 사카모토 류이치

2020년, 암의 재발과 전이로 인해 치료를 받더라도 5년 이상 생존율은 50퍼센트라는 진단을 받고서 시간의 유한함에 직면하게 된 류이치 사카모토가 삶의 마지막 고비에서 되돌아본 인생과 예술, 우정과 사랑, 자연과 철학, 그리고 그의 음악과 깊은 사유에 관한 기록이다.

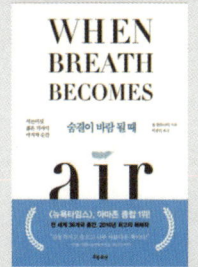

숨결이 바람이 될 때 / 폴 칼라니티

36살의 촉망받는 신경외과 의사, 치명적인 뇌 손상 환자들을 치료하던 저자가 자신도 폐암 말기 판정을 받고 죽음을 마주하게 된 마지막 2년의 기록을 담은 책이다. 생명과 죽음에 대해 겸허히 묵상할 수 있다. 성실하게 살았던 저자를 통해 삶의 대한 책임감을 배울 수 있다.

이어령의 마지막 수업 / 이어령

이 시대의 지성인이라고 불리는 이어령 선생님의 인터뷰를 실은 내용의 책이다. 삶과 죽음에 대한 이야기를 다루며, 이어령 선생님의 지난 일생을 돌아볼 수 있다. 대중들에게 존경받는 스승이자 멘토인 저자의 글과 인생관을 통해 인생을 배울 수 있게 해준다.

편지

특정 대상을 향하여 편지를 쓰듯 원고를 집필하는 방법입니다. 편지란 으레 친밀한 관계에서 주고받는 경우가 많습니다. 가족, 단짝 친구, 사랑하는 사람, 존경하는 선생님에게 마음을 전할 때 손수 편지를 쓰곤 합니다. 이처럼 편지라는 콘셉트의 글에는 친밀함과 애정이 드러나게 됩니다. 가상의 대상을 향해 글을 쓰는 방식은 작가의 입장에서 이야기를 끌어내기 수월하며, 빠르게 글을 쓸 수 있도록 해줍니다.

①-묘사하듯 들려주는 : 편지 형식으로 글을 쓸 때는 특정 대상과 저자가 알고 있는 이야기 위주로 이야기가 진행됩니다. 이때 편지의 관찰자가 되는 독자가 그 이야기를 머릿속에서 충분히 그려낼 수 있도록 묘사를 신경 써야 합니다. 그렇지 않으면 이야기에서 소외된 독자는 책을 떠나 버립니다.

②-흐름이 있는 이야기 : ①번과 마찬가지로 독자가 편지 형식으로 주고받는 글을 끝까지 재밌게 읽도록 하기 위해서는 흐름이 있는 것이 좋습니다. 그 편지를 통해 풀어지는 이야기나 메시지에 서사가 있도록 말입니다.

③-공감과 이입 : 독자는 편지의 관찰자로 시작하지만, 어느 순간 그 편지를 받은 대상으로 위치의 전환이 일어나야 합니다. 이 글은 '나를 향한 편지다'라고 느낄 수 있도록 말입니다.

딸에게 보내는 굿나잇 키스 / 이어령

이어령 선생님의 딸 이민아가 먼저 죽음을 맞이한 후 아버지로서 과거를 회상하며 담담하게 사랑을 전하는 편지 에세이다. 상실을 바탕으로 존재와 사랑에 대해 성찰하게 만드는 글로 독자에게 잔잔한 감동을 선사한다. 이 책을 읽는 모두가 아버지의 편지를 읽는 느낌이 들게 한다.

우리 사이엔 오해가 있다 / 이슬아, 남궁인

문학동네에서 우리 시대 별처럼 빛나는 작가들의 왕복서간을 엮는 서간에세이 시리즈 '총총'의 첫번째 책이다. 에세이스트 이슬아와 남궁인 작가가 그닥 좋지 않은 첫 인상을 시작으로 편지를 주고 받으며 서로에 대해 더 잘 이해하게 되는 내용이 매력적이다.

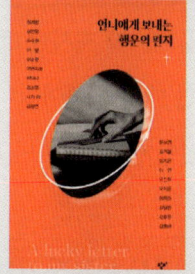

언니에게 보내는 행운의 편지 / 20인 작가

20명의 여성 창작자들이 과거의 언니로부터 연륜을 이어받고, 미래에 언니가 될 후대의 여성 창작자에게 보내는 메시지다. 20명의 작가들의 따뜻하고 섬세한 어록이 인상 깊다. 행운의 편지라는 제목처럼 책을 읽는 독자에게 용기와 힘을 전달한다.

딸아, 너는 나의 보석이란다 / 세리 로즈 세퍼드

세상의 모든 딸들에게 보내시는 하나님의 사랑의 메시지, 기독교 도서다. 화려한 겉모습 뒤에 어린 시절 부모의 반복되는 이혼과 재혼, 우울증과 폭식증, 약물과 알코올 중독으로 고통스런 나날을 보냈던 저자가 성경에서 찾은 위로를 독자에게 다시 전달한다.

코칭

작가가 개인적인 경험을 통해 깨닫고 습득한 인생을 살아가는 노하우가 담겨 있습니다. 코칭의 성격을 가지는 에세이의 주로 관계, 화술, 태도, 내면 문제를 주제로 합니다. 해당 주제에 대한 전문지식이나 경력이 미흡해도 글을 쓸 수 있습니다. 다만 작가는 누군가에게 조언을 할 수 있는 수준의 통찰력과 내공이 있어야 합니다.

①-개인적인 경험 : 독자가 코칭 에세이를 읽는 이유는 그 작가의 경험과 이야기를 듣고 싶기 때문입니다. 주제에 관한 전문적인 내용을 알고 싶었다면 실용 서적을 읽었을 것입니다. 그러니 작가만의 경험을 친밀하게 잘 녹여내면 좋습니다.

②-나다운 조언 : 어떤 문제에 대해 코칭을 할 때 제시한 조언이 누구나 할 수 있는 말, 즉 너무 평이하다면 매력이 떨어집니다. '나라서 공감하고 말할 수 있는 것'이 무엇인지 고민하고 그 강점을 살려 봅니다.

③-차별화된 콘셉트 : 비슷한 주제라고 할지라도 어떻게 기획하느냐에 따라 책의 느낌은 달라집니다. 자기계발 책을 읽다 보면 비슷한 내용들이 참 많습니다. 그러니 내 책만이 갖고 있는 차별화된 포인트, 콘셉트를 잘 만드는 것이 중요합니다. 독자가 반응하는 지점을 찾아서 말이죠.

나는 나로 살기로 했다 / 김수현

작가는 이 책에서 있는 그대로의 자신을 긍정해야 하는 이유와 그렇게 살아갈 방법을 따뜻하면서도 정확한 언어로 표현한다. 아무런 잘못도 없는 자신이 왜 초라함과 열등감을 느껴야 하는지 이해하기 어려웠던 그는 여러 책을 읽던 중 사회학과 사회 심리학에서 찾은 답을 전한다.

사랑은 그렇게 하는 것이 아니다 / 김달

작가는 약 7년간의 상담 중에 사람들이 가장 많이 고민했던 문제들만 골라내 이 책에 담아냈다. 그렇기에 사랑을 포함한 인간관계의 '기본 중의 기본'이 고스란히 담겨 있어, 전작들에서 미처 다루지 못했던, 하지만 '가장 중요한 문제들'까지 빠짐없이 다뤘다는 장점이 있다

어른의 태도 / 신재현

이 책은 사는 건 버겁고, 사람은 힘들고, 일은 지치는 서툰 어른들을 위한 '적당한' 마음 챙김 수업이다. 어른이 되는 법을 제때 배우지 못하고 몸만 자라난 이들에게 어디에서도 쉽게 털어놓지 못했던 생각과 고민들을 인류의 오래된 지혜인 심리학적 관점에서 살피고 조언한다.

진짜 게으른 사람이 쓴 게으름 탈출법 / 지이

'게으름을 벗어나는 법'을 주제로 한 많은 책들이 출간되었지만, 뇌과학·심리학 등 특정 분야의 권위자가 쓴 이론적인 정보가 많은 자기계발서가 대다수를 차지한다. 반면 이 책은 실제로 게을러 봤던 경험이 있는 평범한 이십 대 청년인 저자가 자신을 바꾼 실질적인 내용을 담았다.

강의

코칭과 강의는 특정 주제로 작가의 생각을 논한다는 점이 비슷하지만 글의 분위기에서 미묘한 차이를 가집니다. 예를 들어 누군가 나에게 와서 어떤 문제로 고민 상담을 할 때, 그 문제에 공감하고 원인을 분석하여 조언을 합니다. 반면 강의는 다수의 사람에게 내가 알고 있는 유익한 정보나 지혜를 전하기 위해 의견을 논리적으로 제시합니다.

①-공신력과 전문성 : 강의나 연설을 하는 사람은 그 내용에 대해 일반적인 수준을 뛰어 넘는, 전문성을 갖춰야 합니다. 대중이 신뢰할 수 있어야 합니다. 그러므로 연설 형식의 에세이는 아무나 쓰지 못합니다. 어느정도 인지도가 있어야 합니다.

②-깊은 통찰력 : 작가는 새로운 관점으로 인생의 한 단면을 성찰하고 사색할 수 있어야 합니다. 작가가 자신만의 전문성을 바탕으로 현상을 더 뾰족하게 관찰하고 분석할 수 있어야 합니다. 사유와 통찰에서 얻은 깨달음을 글로 잘 풀어내는 일도 중요한 부분입니다.

③-문학적 경지 : 연설 형식 에세이 책의 느낌은 '수준이 있다'입니다. 글도 쉽기만 하지 않습니다. 때로는 이해되지 않은 문장을 몇번이나 곱씹어야 할 수도 있습니다. 그러나 그러한 수준을 제시할 수 있을 때 독자는 책을 인정하게 됩니다.

나는 죽을 때까지 지적이고 싶다 / 양원근

'내가 알고 있는 유일한 사실은 아무것도 모른다는 사실'을 전제로 단순하게 지식만 채우는 이른바 '교양 속물'이 아닌, '실천하는 참된 지성인'을 추구하는 자기계발서 같은 지적 에세이다. 총 3장에 걸쳐 '나의 무지'를 깨닫고, 끊임없이 공부하며 사유하는 방법에 대해 제시한다.

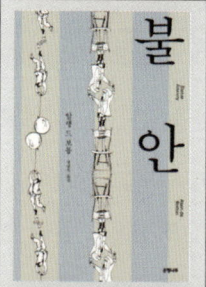

불안 / 알랭드 보통

일상의 철학자 알랭 드 보통이 파헤친 불안, 그 원인과 해법 더 행복한 인생을 살기 위한 방법이 담긴 현대인을 위한 철학적인 에세이다. 저자는 이 책에서 2000여 년의 역사를 지탱해온 철학, 문학, 종교, 예술 등 방대한 자료를 훑으며 불안이 생기는 원인을 5가지로 설명한다.

모든 삶은 흐른다 / 로랑스 드빌레르

2022년 프랑스 최고의 철학과 교수로 꼽힌 로랑스 드빌레르의 인문에세이로 출간 후 프랑스 현지 언론의 극찬을 받으며 아마존 베스트셀러에 올랐다. 저자는 낯선 '인생'을 제대로 '항해'하려면 바다를 이해하라고 조언한다. 바다가 던지는 철학적 사유로 인생을 조망한다.

만일 내가 인생을 다시 산다면 / 김혜남

30년 동안 정신분석 전문의로 일하다, 40이 넘어 파킨스 병에 걸린 저자의 이야기다. 살면서 후회하는 게 있다면 스스로를 너무 닦달하며 인생을 숙제처럼 산 것이라고 말한다. 하나의 문이 닫히면 또 하나의 문이 열린다고 전하며 인생을 즐기는 방법을 안내한다.

나에게 맞는 형식

메시지 전달 형식의 특징을 이해했다면, 그중 나는 어떤 에세이를 쓸 것인지 정할 차례입니다. 형식을 정한다는 것은 가장 비중 있게 접근할 스타일을 고르는 것입니다. 에세이라는 '무형식의 형식'인 포괄적인 글을 쓰기 위한 방법이기 때문에, 형식 자체가 딱 떨어지는 파이가 될 수 없는 것이죠. 예를 들어 상담이나 편지 형식으로 글쓰기를 한다고 할 때, 나의 경험을 토대로 풀어낼 수 있습니다. 공유일기가 함께 속해있는 것입니다. 또 상담 형식을 편지를 쓰듯이 쓸 수도 있을 것입니다. 이렇듯 에세이 쓰기의 기획은 내 이야기를 가장 잘 살릴 수 있는 방향으로 글의 형식을 적절하게 조립하는 일입니다.

숙련된 작가는 쓰고 싶은 주제에 글을 자유자재로 풀어낼 수 있을 것입니다. 그러나 글쓰기 경험이 적은 사람은 생각만큼 글이 잘 나오지 않을 수 있습니다. '편지 형식으로 에세이를 써야겠다!'라고 마음을 먹고 컴퓨터 앞에 앉았지만 손이 움직이지 않을 수 있습니다. 방법도 알았으니 멋진 글을 쓸 수 있을 것 같다는 설렘이 백지가 된 머릿속에서 무너져 버립니다. 이런 분들은 글쓰기의 재능이 없는 것은 아닐까 하고 주눅이 들지 않아도 됩니다. 단지 의미화 메시지를 만들어 내는 훈련이 덜 된 것뿐입니다. 어떤 종목이든 혹독한 훈련을 통해 실력이 향상되지 않으면 원하는 이상적인 결과를 얻지 못합니다.

책을 쓰는 데 있어서 도구가 필요 없어서 그런지 작업이 쉬울 것이라고 착각을 하기도 합니다. 그저 생각나는 대로 적으면 되는 것이 아닌가 하고 말이죠. 작가가 되고 싶다면, 결국 하나의 직업을 갖기 위해 노력하는 일입니다. 어떤 직업이든 숙련된 전문가가 되기 위해서는 배움을 통해 능력을 향상해야 합니다. 그전까지는 신입의 역할만 할 수 있을 뿐이죠. 책 쓰기의 작가도 마찬가지인 것입니다. 그러므로 정말 멋진 주제가 떠오르는데, 글이 써지지 않는다면 아직 그 내용을 풀어낼 수 없는 단계라고 보면 됩니다. 그리고 언젠가 그 주제로 한 편의 책을 완성할 날을 기약하며 현재 쓸 수 있는 글부터 시작합니다.

수필과 에세이

무거움 ←	중수필 (formal essay) 지적(知的)·객관적 사회적·논리적 성격	경수필 (informal essay) 감성적·주관적 개인적·정서적 특성	→ 가벼움
주제	일정한 주제를 가지고 체계적인 논리 구조와 객관적인 관찰.	저자의 생각에 따라 자유롭게 쓰여짐	
문장	**무겁고 깊이 있는 느낌의 문장** 논리적이고 논증적으로 주제를 형식에 맞게 전달.	**가볍고 쉬운 문장** 개인의 경험에서 이끌어 내는 진솔한 경험이 문학 언어로 창작.	
특징	사회적, 객관적 관심을 표현하며, 서술자인 **'나'는 겉으로 드러나지 않는** 경우가 대부분. 보편적 논리와 이성에 의존하며, 논리적이고 논증적인 진술이 드러나고, 지적이며 사색적인 특징	사회적, 객관적 관심을 표현하며, 서술자인 **'나'는 겉으로 직접 드러나는** 경우가 대부분. 수필은 분명히 문학의 장르안에 속해있다. 문학 창작 기법을 지키며 예술성이 담겨야 수필로 인정	
참고	'베이컨적 수필'	'몽테뉴적 수필'	
비고	**실제 에세이 특징** 형식 없는 글 = 자유로운 글 (X) 일정한 주제안에서 논리적인 구조와 구성이 있다. 에세이를 쓰고자 한다면, 글의 구조를 이해해야 하고 진지하게 글쓰기에 임해야 한다. 그러므로 에세이를 쓸 때 형식이 없다고 생각하기 말아야 한다. 또 작가의 감정을 풀어내는 글만을 에세이라고 보기 어렵다.	**사람들이 생각하는 에세이 특징** 가벼운 글 = 얕고, 쉽게 쓴 글 (X) 현대에 에세이를 쉽게쓴 글이라고 이해하는 경우가 많은데, 실제로는 구조가 필요하다. 또 그렇다고 경수필을 가볍게 쓰여진 글이라고 이해해서는 안됀다. '독자의 공감대가 높고, 읽기가 쉽다'의 의미와 함께 '문학적 예술성'이 들어가야 하는 글로 주로 문인들의 작품을 뜻한다.	
논리성 ←	에세이 (essay)	미셀러니 (miscellany)	→ 문학성

논리적 문학성

전문 에세이나 전문 수필 쓰기는 초보자에게 쉽지 않다.
에세이와 미셀러니 특징 중간이 서점에서 자주 보는 에세이 책이라고 생각하면 된다.

특징별 수필

	개인 수필	비평 수필	사회 수필
시점	1인칭 주인공	1인칭 주인공 / 관찰자	1인칭 주인공 / 전지적
특징	개인의 경험을 자유롭게 풀어내는 글	작가가 의도한 주제에 선악을 가리는 글	사회 문제나 중요한 시사를 담은 글
주의	개인적인 글 안에 주제를 나타내는 메시지와 철학의 의미화가 있어야 한다	작가가 감정적으로 흥분하여 쓰지 않고 독자에게 사실을 전달하여 교훈을 줘야 한다	비판성이 짙어지면 문예성이 약해진다 문학보다는 칼럼으로 가지 않게 조심한다

형식별 수필

	서정적	서사적	서간적
시점	개인적인 내용	사실(사건)에 충실	편지 형식
특징	전반적으로 부드럽고 차분한 내용의 글	사건을 묘사하여 경험을 살리는 글	실제 편지 내용 혹은 주고받은 편지
주의	너무 감성적이고 꾸밈이 지나친 겉멋에 집중한 글은 유치해질 수 있어서 담백한 문장을 사용한다	사건 기록 위주의 보고서 같은 글이 되지 않도록, 작가의 감성과 정서가 적절히 녹아져야 한다	개인적인 내용 위주로 쓴 편지 글은 의미가 약하며, 특정 주제 속 풀어진 내용이 있다

	해학적	기행적	철학적
시점	웃음을 주는 글	여행 경험 글	철학적 고찰
특징	풍자와 위트를 통해 재미를 선사하는 글	체험, 감상, 여정 등 기행문의 특징이 담긴 글	작가의 깊은 사유에 비중을 높이 두는 글
주의	너무 과장된 해학으로 글의 수준이나 품격을 낮추지 않게 문장 표현에 적절한 균형을 잡는다	여행 보고 형식의 글은 기행 수필이 될 수 없다 여행을 통한 감상과 감동의 울림이 필요하다	작가가 자신만의 신념을 지나치게 강조하기 보다는 여운을 느끼게 한다

문체

하나의 글에서 (간결체, 만연체, 강건체, 우유체, 화려체, 건조체)가 모두 등장할 수 있습니다. 단 어떤 문체를 비중있게 사용하느냐에 따라 글의 분위기가 달라집니다. 그중 구어체와 문어체의 문장 특성은 다르기 때문에, 한 가지 방향으로 확실히 잡고 집필을 시작한다.

글의 '느낌'에 따라	
강건체	우유체
강건체는 이름에서 알 수 있듯이 문체에서 강함이 느껴집니다. 때로는 직설적이고 직접적으로 메세지를 전달하며, 그에 따라 짙은 호소력과 호탕함이 있습니다.	'우유체'에서 '우(優)'는 넉넉하다는 뜻이고, '유(柔)'는 부드럽고 약하다는 뜻입니다. 문장이 부드럽고 순한 문체입니다. 감성적인 표현을 적절하게 섞어서 우아하게 풀어냅니다.
우리는 이 황금 시대의 가치를 충분히 발휘하기 위하여, 이 황금 시대를 영원히 붙잡아 두기 위하여, 힘차게 노래하며 힘차게 약동하자! 민태원, 〈청춘예찬〉	우리가 수목에서 받는 이 형언할 수 없는 그윽한 기쁨과 즐거움과 위안과, 그리고 마음의 안정은 어디서 연유하여 오는 것일까? 김동리, 〈수목송〉

글의 '길이'에 따라	
간결체	만연체
문장을 짧게 간결하다. 내용이 간단명료하게 축약되어 있다보니 상세하게 설명되는 편이 아니다. 생략과 압축된 문장을 통해 독자는 상상속에서 여운을 느낄 수 있다.	문장을 길게 쓴다. 주어와 서술어 외의 수식 어구가 있다. 혹은 두 문장이 접속사로 이어진다. 보통 단 문장은 (주어-서술어) 하나씩 들어 있는 구조다.
청춘의 피는 끓는다. 끓는 피에 뛰노는 심장은 거선의 기관같이 힘 있다. 이것이다. 인류의 역사를 꾸며 내려온 동력은 꼭 이것이다. 민태원, 〈청춘예찬〉	동지 섣달 삼척 냉돌에 변변치도 못한 이부자리를 깔고 누웠으니, 사뭇 뼈가 저려 올라오고 다리 팔 마디에서 오도독 소리가 나도록 온몸이 곧아 오는 판에/ 이희승, 〈딸깍발이〉

① 길이에 따라 간결체·만연체
② 글의 느낌(剛柔)에 따라 강건체·우유체(優柔體)
③ 수식의 유무에 따라 화려체·건조체(乾燥體)
④ 문법·어휘의 특징상으로 보아 구어체·문어체

'문장'의 특징에 따라	
구어체	문어체
말에서 주로 사용하는 표현을 구어체라고 한다. 일상 회화에서 접할 수 있는 말투를 글로 옮긴 경우를 가리킨다고 할 수 있다. 독자에게 직접 말하는 것 같은 친근한 느낌을 준다. 구어체는 누군가에게 이야기를 한다는 느낌으로 풀어낸다.	글에서 주로 사용하는 표현을 문어체라고 한다. 소설, 희곡, 신문기사의 글에 적용되는 일반적인 문체다. 어떻게 문장을 쓰느냐에 따라 글이 딱딱하게 느껴질 수도 있으므로, 작가의 스타일을 잘 갖춰 나가는 것이 좋다.
'그러게 말이에요. 그 일은 정말 놀라웠습니다.' 나는 그에게 내 감정을 솔직하게 말했습니다. 그래야 소원해졌던 우리 사이의 관계가 호전될 것이라 생각하거든요.	'그러게 말이에요. 그 일은 정말 놀라웠습니다.' 나는 그에게 내 감정을 솔직하게 말했다. 소원해진 관계를 풀어나가는 방법은 대화와 소통이다. 우리의 관계는 점점 호전될 것이다.

'수식'의 유무에 따라	
화려체	건조체
표현에 힘을 주어 문장 자체를 화려하게 풀어내는 글쓰기입니다. 비유를 많이 주고, 문장에 리듬이 있습니다. 우유체에서 돋보이는 꾸밈 표현이 많아지면, 화려체가 됩니다.	문장에 군더더기를 빼고, 최대한 건조하게 글을 씁니다. 필요한 말만 담담하게 전합니다. 간결체와는 다른 것은 간결한 문장 속에 함축적인 의미의 깊이가 있다는 점입니다.
우리 눈이 그것을 보는 때에 우리의 귀는 생의 찬미를 듣는다. 그것은 웅대한 관현악이며, 미묘한 교향악이다. 뼈 끝에 스며들어가는 열락의 소리다. 민태원, 〈청춘예찬〉	딸이 성장하여 시집 갈 나이가 되고 혼례를 치를 날을 받으면, 십수 년간 자란 이내나무를 잘라 농짝이나 반닫이 등 가구를 만들어 주었다. 이규태, 〈내나무〉

자전적
에세이
시작

2장

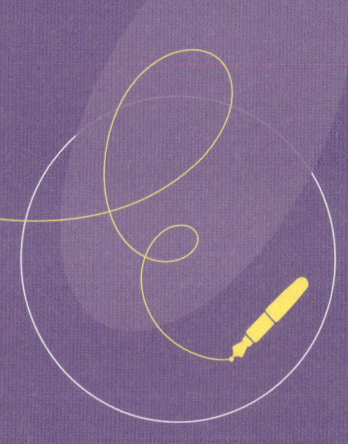

★★★

초보자를 위한
공유일기 쓰는 방법

　　에세이를 써서 판매까지 도전해 보고 싶은 분들은 공유일기 형태로 시작해 봅시다. 에세이란 내 이야기에서 출발하기 때문에 공유일기 형식이 기본기라고 생각하면 됩니다.
　　공유일기란 무엇인지 한 번 더 살펴보겠습니다. 일단 이름에 '공유'를 붙인 것처럼 내 글을 타인에게 공유할 목적이 들어갑니다. 목적에 따라 내용은 달라집니다. 혼자 보는 글은 자유롭고 솔직하게 모든 생각을 적습니다. 순서와 구성을 고려하지 않아도 됩니다. 그저 그날의 나의 하소연이나 감상을 기록하는 데 목적이 있을 뿐입니다. 글쓰기 목적에 독자가 들어가는 순간 글의 방향이 달라집니다. 글에서 독자가 배려되어야 합니다. 독자가 내 글을 통해 얻어가는 감상이 있어야 합니다. 그렇지 않으면 아무리 많은 글을 썼다 하여도 상업 출판으로 성장하지 못하고 제 자리에서 빙글빙글 돌 수 있습니다.

주제 : 차별화된 콘셉트

무명작가일수록 주제는 명확하게 잡는 게 좋습니다. 유명한 작가는 이전의 성공 작품으로 신뢰가 쌓여 있지만, 무명은 그렇지 않습니다. 그래서 주제와 콘셉트를 분명하게 보여주어 콘텐츠로 승부할 수 있어야 합니다. 좋은 책이 입소문으로 알려지기 시작하면서 작가의 인지도가 생겨납니다.

매력적인 콘셉트를 가지는 주제를 만들기 위해서 주목해야 할 특징은 '결합'입니다. [스토리]와 [관점]을 합하여 전체의 합을 이루는 [메시지]를 설정하는 것입니다. 이해하기 쉽도록 공식으로 표현해 보자면 이렇습니다.

주제 : [스토리] + [관점] = [메시지]

예) 죽고 싶지만 떡볶이는 먹고 싶어

[심리 상담] + [우울증을 겪는 사람의 솔직한 마음]

= [찌질한 내면까지 나를 그대로 이해하자]

예) 요가 매트만큼의 세계

[요가 수련] + [강박과 불안한 정서 안정]

= [오늘 가장 나다운 나로 깊게 호흡한다]

제가 앞으로 쓰고 싶은 에세이 주제 중 하나가 여행입니다. 기행문 스타일 보다는 여행에 대한 사색을 담고 싶은 방향입니다. 그 생각을 공식에 대입하여 정리하면 이렇습니다.

[여행] + [일상을 여행처럼 사는 방법]

= [억압에서 해방되는 여유를 되찾자]

글감 : 자주 접하고, 좋아하는 것에서

주제가 되는 글감은 먼저 내가 좋아하는 것에서 찾아 봅니다. 제가 좋아하는 활동은 여행, 독서, 글쓰기, 창작입니다. 그 행위 속에 얻는 새로운 인사이트로 평소에 하지 못했던 생각들을 할 수 있습니다. 차곡차곡 쌓이는 폭넓은 사유는 작가로서 지경을 넓혀 줍니다. 경험치가 늘어나면 당연히 풀어낼 내용이 많아집니다. 독서를 주제로 글을 쓴다고 할 때, 한 달에 한 번 책을 읽는 사람과 일주일에 한 번 책을 읽는 사람 중 쓸 내용이 많은 이는 후자입니다.

깊게 사유한 만큼 작가의 관점이 풍성해집니다. 공유일기 형식으로 에세이를 쓸 때는 현상적 사실만 담지 않습니다. 그 시간을 통해 깨닫고 배운 작가의 견해를 풀어내야 주제가 빛이 납니다.

메시지 : 내면의 목소리

끊임없이 솟아나는 생각들은 스스로 얽히고설켜 길을 만듭니다. 그 꼬리에 꼬리를 연결한 생각이 이내 도달하는 곳이 있습니다. 그 지점에서 발견되는 메시지가 있습니다.

저는 여행에 관해 이런 질문들을 던져 봤습니다. '왜 사람들은 여행을 좋아할까? 왜 설렐까? 왜 떠나려고 할까?' 그 답을 저만의 관점으로 발견했습니다. 여행은 가치는 '떠남'보다 '일탈'에 있다고 말이죠. 그리고 그 일탈이 보편적으로 환영받는 이유는 대다수가 늘 비슷한 하루하루를 살아가기 때문입니다. 즉 신선한 바람과 자유, 변화를 그리워하면서 말입니다. 그러나 대부분의 평범한 사람들은 자신이 원하는 만큼 여행을 떠나지 못합니다. 시간과 돈의 문제인 현실에 매여있으니까요. 그런 생각들을 하다가 '일상을 여행처럼 살아갈 수는 없을까'라는 메시지의 도달점을 발견했습니다. 물론 이 질문의 정답이 있다면 'NO'라고 생각은 합니다. 그러나 메시지의 목적은 정답의 옳고 그름을 가리기 위함이 아닙니다. 메시지는 나와 같은 독자의 마음에 공감하고 대변하는 역할입니다. 그런 의미에서 작가가 만든 사유의 길은 독자에게 새로운 혜안이 되는 것입니다.

    좋아하거나 자주 접하는 활동을 하며 사유의 시간을 가지지 않았었다면, 아직은 빠르게 메시지를 찾기 힘들 것입니다. 메시지를 의도적으로 찾으려고 하면 더 힘이 듭니다. 목적지를 꿰맞춘다고 머릿속 생각들이 정리되지 않습니다. 아시다시피 마음도 생각도, 내 뜻대로 잘되지 않는 것들이니까요. 그런 분들은 먼저 생각하는 힘을 길러야 합니다. 지나간 경험을 다시 회상하고 곱씹으면서 느낀 점을 남겨도 좋습니다. 그 활동을 할 때 나의 모습과 내면은 어땠는지 돌아보며, 나는 현실을 어떻게 접근하고, 그 현실 위의 이상을 어떻게 품어왔는지 말입니다. 즉, 나의 내면을 관찰하고 나에게 질문을 하는 일입니다. 늘어진 생각들을 주의 깊게 따라가 보세요. 그러면 분명 그 주제에서 내가 잡고 있는 메시지가 발견될 것입니다.

관점 : 주관 만들기

    메시지 찾기를 지나서 해야 할 일은 관점을 형성하는 일입니다. 관점을 가지고 있으면 글을 쓸 때 중심이 생깁니다. 작가의 주관이 들어있는 글은 독자가 반응하게 됩니다. 그 평가가 긍정이든 부정이든 말이죠.

    어떤 사람이 치즈 케이크를 먹고 시식 평을 한다고 해봅시다. '이렇게 맛있는 치즈 케이크는 처음이에요!' 혹은 '이렇게 맛

없는 치즈 케이크가 있다니 놀랍네요!' 라고 주관을 얘기했을 때, 듣는 사람은 궁금해집니다. 반면 '이 케이크는 치즈 맛이에요.'라고 말한다면 어떨까요? 큰 궁금증이 들지 않습니다. 내가 아는 치즈 케이크 맛이겠거니 싶습니다. 여기서 중요한 요소는 호기심입니다. 나의 주관에 따라 대상이 영향을 받고 반응하게 만들어야 합니다. 유명한 책은 리뷰가 많이 달립니다. 좋은 소감도 있지만, 안 좋은 평도 있습니다. 중요한 점은 평가가 달렸다는 것입니다. 독자를 어떤 쪽이든 반응하게 한 자극제가 있다는 것은 마케팅의 측면에서 좋은 일입니다.

철학은 글에 녹아드는 작가의 삶입니다. 철학이 피어난 꽃이라면, 책의 내용은 그 꽃잎 색으로 물을 들인 천입니다. 그 천으로 내가 원하는 모양의 옷을 만들어 입고 다닙니다. 즉 철학은 인생을 살아가는 신념이기 때문에 다음과 같은 사유함으로 방향을 찾아갑니다.

시작 : 일단 쓰기

가장 중요한 단계입니다. 바로 쓰기입니다. 암만 좋은 주제와 메시지를 가졌다 한들 글을 쓰지 않으면 무용지물입니다. 저는 분석과 도출을 통해 작가가 기획해야 할 것들을 방법론적으로 전해드리는 편입니다. 그런데 그 기획이 어렵다 보니, 행동까지 이어지지 못하시는 분들을 봅니다. 그래서 꼭 가장 중요한 일은 쓰기라고 말을 하고 싶습니다. 그리고 가장 중요한 것은 글을 써봐야 나의 상태를 깨닫습니다.

'글을 써보니, 내가 풀어낼 이야기가 많이 없네.'
'글을 써보니, 내가 전달할 메시지가 거의 없네.'
'글을 써보니, 생각했던 주제가 잘 풀리지 않네.'
'글을 써보니, 어떤 관점을 담아야 할지 모르겠네.'

이러한 경로 재설정의 과정은 행동을 통해 얻어질 수 있습니다. 그리고 일단 꾸준히 쓰는 사람은 마침내 자신에게 맞는 방향을 발견합니다.
'글을 써보니, 이제 내가 무엇을 써야 할지 알겠다!'
주제 속 다양한 이야기를 풀어내고, 메시지를 찾고 마련하는 일은 고민한다고 나오는 것이 아닙니다. 글을 써봐야 알 수 있습니다. 글을 쓰면서 배울 수 있는 일입니다. 그러니 저는 이 책에서 이 말을 거듭 강조할 것입니다.

여러분이 할 일은 먼저, 실패할 책을 쓰는 일입니다.
몇 번을 걸쳐 경로가 다시 설정되고 난 후가
진짜 에세이 쓰기의 시작입니다.

★★☆

쓰고 싶은 주제와
글이 써지는 글감

　　글을 쓰고 싶은 주제가 있고, 글이 쓰이는 주제가 있습니다. 책 쓰기를 시작하는 분들은 대부분 '내가 쓰고 싶은 주제'만 고심합니다. 그 주제를 풀어낼 수 있는 충분한 재료가 있는지 파악하지 않고 말이죠. 그럴 경우 본격적으로 작업에 돌입하려는 순간 난관에 부딪힙니다. '이 주제로 글을 쓰고 책을 만들면 정말 멋질 거야!'라고 시작했던 설렘이 막막함으로 바뀝니다. 도저히 진도가 나가지 않기 때문이죠. 글이 써지지 않는 것입니다. 쥐어짜 내듯 힘겹게 한 문단, 한 페이지를 작성하게 됩니다. 에피소드 몇 개를 여차저차 노력해서 쓰고 나서 머리가 멍해집니다. '이제

뭘 써야 하지? 어떻게 이야기를 풀어가야 하지?' 하며 머리를 환기할 겸 잠시 휴식을 가지다가 그 글은 거기서 멈춰지는 경우가 많습니다. 책 쓰기에 꾸준히 도전하셨던 분들이라면 이런 경험이 한 번쯤은 있으셨을 겁니다. 저 역시 그랬습니다. 에세이를 써야겠다는 목표를 행동에 옮기기 위해, 아주 멋진(제 생각으로) 기획안을 만들었습니다. 그 주제로 글을 다 쓰면 정말 매력적인 책이 되겠구나 싶었습니다. 그러나 그 기획은 수포가 되었습니다. 책상에 앉아 머리를 쥐어짜내도 도저히 손가락이 움직이지 않았습니다. 그때 깨달았습니다.

'아! 이 주제로 글을 쓰기에는 나에게 재료가 없구나!'

글감이 마음속에서 흘러넘칠 때 글쓰기 활동이 원활하게 운영됩니다. 책 쓰기는 쥐어 짜내는 것이 아니라, 흘러넘쳐야 합니다. 그래야 글을 쓸 때 스트레스보다 즐거움이 커집니다. 누구나 스트레스받고 머리 아픈 일을 지속하기는 어렵습니다. 스스로 동기부여를 마련하며 작업을 해야 하는 창작자의 경우 스트레스가 커지면 회의감이 찾아옵니다. 구태여 나를 괴롭히면서까지 이 작업을 해야 하는 이유가 무엇인가 싶습니다.

초보 작가는 이 점을 잘 알아야 합니다. 전문 작가는 그간의 경험을 통해 어떻게든 작업을 완수할 능력을 갖추고 있습니다. 글이 풀리지 않을 때 무엇을 해야 하는지 알고 있는 것이죠. 시간이 좀 걸릴지라도 설정한 목표를 달성할 것입니다. 그러나 책 쓰기 경험이 많이 없는 분들은 이 장기적인 에너지 싸움에서 지쳐 포기할 확률이 높습니다. 그렇다면 글이 써지는 주제란 무엇인지, 어떻게 마련해야 하는지 살펴보겠습니다.

여러분 물레방아를 아시나요? 일정한 양의 물을 받을 수 있는 통들이 수레바퀴의 가장자리를 빙 둘러붙어 있습니다. 위에서 물이 떨어져서 물통에 물이 채워지면 물레방아가 돌아가게 됩니다. 물이 많이 떨어지면 그만큼 더 빠르게 돌아갑니다. 이 물레방아를 계속 굴리기 위해서는 위에서 충분한 물이 계속 떨어져야 합니다. 떨어지는 물의 양이 적거나 없으면, 물레방아는 제대로 돌아가지 못하고 멈춰집니다. 책 쓰기도 이와 같습니다. 작가의 머릿속 물레방아가 활기차게 돌아갈 수 있도록 물이 공급되어야 합니다. 원활히 돌아가는 물레방아가 되는 작업을 하기 위해서 두 가지 방향이 있습니다. 첫 번째는 이미 나에게 채워져 있는 글감을 활용합니다. 두 번째는 원하는 주제에 필요한 글감이 넘치도록 새로운 물을 마련하는 것입니다.

이미 채워져 있는 글감

인간의 몸은 70% 수분으로 이루어져 있다고 합니다. 작가적인 비유로 돌려 말하면, 우리 몸을 채우고 있는 70% 수분은 살아온 시간 동안 쌓여온 삶의 서사입니다. 이미 채워져 있는 이야기 자원입니다. 내 안에 담겨 있는 이야기가 무엇인지 탐구하고 그 지점에서 시작해 보면 좋습니다. 이때 책을 쓰기 위해서는 나에게 있는 재료를 하나로 묶을 수 있는 주제를 찾아야 합니다.

- 공통의 메시지로 엮을 수 있는 사건
- 가장 많이 생각하고 탐구하는 주제
- 내면에 남아있는 상처나 트라우마
- 나를 소개하는 자전적 이야기

힘들지 않고 써지는 글감은 내가 오랜 시간 에너지를 쏟은 무엇입니다. 그 에너지가 긍정이든 부정이든 상관없습니다. 오히려 내면의 상처나 트라우마 같은 부정적인 관념에 사람은 더 많은 생각과 에너지를 집중하는 편이기도 합니다. 어떤 쪽이든 그 에너지가 모여 있는 지점에서 시작하면 글쓰기가 한결 수월해집니다. 예를 들어 여행을 좋아해서 오랜 시간 각 나라를 돌아다녔다면 여행에 대해 할 이야기가 넘쳐납니다. 인생을 어떻게 살아야 하는지, 지금 내가 주로 고민하는 삶의 문제는 현재 진행형으로 끊임없이 하고 싶은 말이 나옵니다. 잊히지 않는 마음의 응어리나 상처를 글로 쓰라고 하면 술술 나옵니다. 이 외에도 나에 대해 들려주는 이야기, 현재 공부하는 주제 등 '이 부분에 대해서는 할 말이 많아요!' 하는 내면의 결핍과 필요는 이미 채워져 있는 글감으로 작용합니다.

아웃풋을 위한 인풋

쓰고 싶은 주제에 글감이 부족하다고 절망할 필요 없습니다. 물이 떨어졌다면 어디선가 끌어와서 공급할 방안을 마련하면 될 뿐입니다. 여행 에세이를 쓰려고 할 때, 아무 곳도 떠나지 않고 글을 쓸 수 있는 사람은 없을 것입니다. 유럽 여행 이야기를 담고자 한다면, 유럽에 가야겠죠. 쓰고 싶은 주제의 글이 풀어지지 않는다면, 의자에서 엉덩이를 떼고 움직여야 합니다. 관련된 글감을 모을 수 있는 곳으로 가야 합니다. 사람을 만나고, 인터뷰하고, 자료조사를 하고, 사색하고, 성찰해야 합니다. 글이 막힌다고 의자에 앉아 한숨만 푹푹 내쉬어봤자 나오는 것은 아무것도 없습니다.

정보전달이나 코칭의 형태의 에세이를 쓸 때는 개인 경험을 떠나서 관련 분야의 자료조사가 중요합니다. 이때는 먼저 참고할 수 있는 책을 수십 권 읽어 보세요. 그러면 그 속에서 내 것으로 전환된 글감 알맹이들이 모일 것입니다.

이 장에서는 공유일기 쓰기를 권장하고 있습니다. 공유일기는 내 이야기를 메시지가 있는 콘텐츠로 만드는 일이라고 했습니다. 내 몸을 구성하고 있는 70% 수분만큼 가득한 자원을 사용해야 합니다. 그런데 이미 채워져 있는 이야기도 어떻게 사용해야 하는지 감이 안 잡히는 경우가 있습니다. 이때는 다시 두 가지의 방향을 안내합니다.

1. 깊은 성찰과 사색

2. 관심 있는 주제의 에세이 탐독

　내게 어떤 이야기가 담겨 있는지, 그 이야기에서 내가 할 수 있는 메시지는 무엇인지, 그 메시지를 통해 나는 어떤 의미를 전하고 싶은지 탐구하고 성찰할 필요가 있습니다. 공유일기에서 의미화가 필요하다고 했습니다. 먼저는 내면에 흩어져 있는 수많은 이야기를 한 주제로 집약시킬 수 있는 메시지를 찾는 것이 중요합니다. 흩어진 글을 그대로 쓰면 개인일기만 될 뿐입니다.

　이 부분에 대해 어렵다면 관심 있는 주제의 에세이를 찾아서 탐독해 봅시다. 사랑에 관한 에세이를 쓰고 싶다면, 사랑에 관한 에세이를 읽습니다. 자존감에 대한 에세이를 쓰고 싶다면, 자존감에 관한 에세이를 읽습니다. 한두 권 정도로는 부족합니다. 최소 5권 이상이어야 합니다. 또 다양한 콘셉트로 된 책을 찾아 읽기를 권합니다. 사랑이 주제여도 책마다 콘셉트에 따라 풀어낸 형식이 달라집니다. 어떤 책은 시, 소설, 코칭, 자전적 이야기 등 말이죠. 다양한 콘셉트의 책을 읽으면 내가 쓰고 싶은 방향이 보입니다. 책을 엮고 있는 목차 구성을 파악할수록 어떤 글감을 모아야 할지 감이 잡힙니다. 또 좋은 책을 읽으면, 얼른 글을 쓰고 싶어질 것입니다. 자극이 일어나는 것이죠. 쓰고 싶은 주제가 쓸 수 있는 글이 될 수 있도록 필요한 재료를 공급하고, 내면을 성찰하면서, 나만의 이야기를 만들어 가봅시다. 우리는 모두 저마다 서사가 있습니다. 나만이 갖고 있는 소중한 가치가 있습니다. 차별화의 시작은 내면에서부터 만들어집니다. 매력적인 에세이를 쓰기 시작해 봅시다.

★★☆

내면의 글감을 찾는 기준 3가지

특정 사건에 집중

특정 사건에 집중해서 글을 써 나갑니다. 내가 겪은 경험을 공유하고 싶은 마음에서 시작됩니다. 그 경험은 자신에게 특별하거나 의미 있습니다. 그 일을 통해 얻은 교훈을 전하고 싶거나, 단순히 내가 겪은 일을 누군가에게 전하고 싶은 동기일 수 있습니다. 또 자신과 비슷한 경험을 한 누군가에게 존재를 알리고 공감과 위로를 주고 싶은 마음이 있기도 합니다.

〈죽고 싶지만 떡볶이는 먹고 싶어〉 에세이는 저자가 정신과 선생님과 주고받은 상담 기록이 실려 있는 책입니다. 상담 내용 외 다른 이야기는 들어 있지 않습니다. 저자의 인생에 큰 영향을 끼쳤던 일련의 사건에 주목할 뿐입니다. 어떤 나라를 여행하며 기록한 에세이가 이러한 집필 방향의 대표적인 글입니다. 여행처럼 시작과 끝이 분명한 경험이 없습니다. 내가 있는 자리를 떠나면서 시작되고, 그 자리로 돌아오면서 끝이 납니다. 작가는 그 여행의 시간에 집중하여 겪은 경험을 하나의 이야기로 풀어나갈 수 있습니다.

특정 사건에 집중하여 글을 쓰는 방향은 작가에게 가장 부담이 적습니다. 글을 쓰는 목적이 스스로 분명하게 정립되기 때문입니다. '나는 이 사건에 대한 경험을 담아야겠다'라고 마음먹으면 다른 주제에 휘둘릴 필요가 없습니다. 무엇을 써야 하고, 왜 써야 하는지, 명확할수록 집필에 바르게 집필해 나갈 수 있습니다. 또한 시작과 끝이 있는 내 삶의 경험을 이야기로 풀어본다는 점에서 보다 재밌게 글을 쓸 수 있습니다. 당신의 인생에서 꼭 이야기로 담고 싶은 경험은 무엇인가요? 특정한 경험을 집중하고 관찰합시다.

일상의 기록

떠오르는 글감에 대해 자유롭게 씁니다. 일상의 기록이 될 수도 있고, 인상 깊게 남은 기억의 회고일 수 있습니다. 한 편의 에피소드를 적을 때 작가가 마음 가는 대로 풀어냅니다. 경험을 그대로 녹여낼 수도 있고, 어떤 생각에 대한 사색일 수도 있습니다. 일상의 기록은 개인 일기와 가장 흡사합니다. 그때그때 쓰고 싶은 글감을 정해서 풀어나가기 때문입니다. 이런 방식의 에세이는 에피소드들이 엮어진 형태로 서사들 간의 큰 연관성이 없을 수 있습니다.

언어의 온도 에세이는 작가의 사색과 경험을 모아놓은 책입니다. 작가가 만난 사람, 겪은 일화, 그 속에서 얻은 감정과 사색 등이 다채롭게 들어가 있습니다. 책을 읽을 때는 작가의 시선이 그대로 흡입되는 느낌을 받습니다. 작가가 무엇을 보았고, 느꼈고, 생각했는지가 독자에게 전달되는 것이죠.

일상의 기록으로 쓰는 글은 장단점이 있습니다. 우선 글을 쓰는 사람이 큰 기획을 잡고 시작하지 않아도 괜찮습니다. 글을 쓰고 싶은 순간순간의 기록에 집중하면 됩니다. 그래서 출판에 대한 목표를 처음부터 설정하지 않고 일단 기록용으로 접근할 수 있습니다. 블로그나 SNS에 올리면서 글을 모아가는 방향입니다. 나중에 글이 많이 쌓였을 때, 책으로 어떻게 편집할 수 있을지 고민할 수 있습니다.

반대로 기록하는 습관이 없는 분께는 일상의 기록 글쓰기는 오히려 어려울 수 있습니다. 명확한 주제 없이 시작하다 보니, 무엇을 어떻게 써야 할지 난감한 것입니다. 글쓰기가 익숙하지 않다 보니 글감을 포착하고 그 순간을 담아내는 것이 쉽지 않습니다. 또 하나의 주제로 엮여 있지 않으니, '이렇게 글을 써도 되는 걸까?'라는 불확신이 솟아날 수 있습니다. 이런 분들은 우선 한 가지 경험에 초점을 맞춘 글쓰기로 시작하거나, 심리적 부담을 내려놓는 게 도움이 됩니다. 책을 출간하고 싶다는 목표는 조금 미뤄두고, 일단 글을 써보겠다는 결심으로, 순간의 기록에 의미를 두는 것입니다.

자전적 회고록

성장 과정에서 겪은 경험을 이야기로 쓰는 방향입니다. 어린 시절 상처, 트라우마, 특별한 사건 등이 주로 담깁니다. 또 현재의 나로 만들어 준 모든 과거의 이야기도 가능합니다. 자전적 회고록에는 경험에 어울리는 사색이 적절하게 담겨야 의미가 있습니다. 경험 위주의 글은 인생 보고서가 될 뿐입니다. '어떤 일을 겪었고, 어떻게 성장했습니다' 와 같이 말이죠. 나에게 관심이 많은 팬을 보유하고 있는 게 아니라면, 작가의 인생 보고서 같은 글을 읽고 싶은 독자는 적을 수밖에 없습니다.

글을 쓰는 작가의 입장에서도 회고록은 의미가 깊습니다. 구태여 달갑지 않은 기억을 떠올려 글로 옮겨 적을 이유는 없습니다. 은밀하고 고통스러운 경험일수록 더욱 그러합니다. 또 내 글을 보는 독자가 있는 상태에서 조심스러운 이야기가 될 수 있으니까요. 이런 상황에서 자전적 회고록 에세이를 쓰겠다는 결심은 그 과거를 통해 풀어나가고 싶은 무엇인가 있다는 뜻입니다. 글을 쓰기 위해 과거를 다시 돌아보고, 관점을 달리해서 생각해 보고, 지난날의 잘못을 반성하는, 성찰의 과정이 담깁니다. 그러한 사색을 통해 현재의 나에게 필요한 메시지를 만드는 것입니다. 그리고 미래의 나에게 기대하는 바를 적어내는 것입니다. 이렇게 만들어진 의미는 먼저는 작가 자신에게, 그다음 독자에게 전달됩니다. 나의 이야기가 공유되어 함께 인생을 돌아보는 시간을 마련합니다.

★★☆

대상에게 말하는 느낌으로 글쓰기

글쓰기가 어렵게 느껴지시는 분은 '누군가에게 당신의 이야기를 한다면?'이라는 상황을 설정해 보세요. 이때 내가 지정한 독자에게 필요한 말을 한다고 여기면 어떤 말이든 나오게 됩니다. 예를 들어 누군가 당신에게 와서 조언이든 질문을 던졌다면 어떨까요? 내가 아는 선에서 대답이 나오게 됩니다. 할말이 떠오르는 것, 이 부분이 막힌 글을 풀어내는 해결책입니다.

공감과 위로

에세이에서 가장 인기 있는(대중적으로 반응이 있는) 키워드는 공감과 위로입니다. 누군가의 아픔이 가장 공감이 잘될 때는 내가 비슷한 경험이 있을 때입니다.

　내면의 상처나 아픔을 글로 풀어낼 때 자신과 비슷한 경험을 한 대상에게 초점을 맞추도록 해봅시다. 당신과 똑같은 심리적 외상을 겪은 한 사람의 독자를 상상하고, 연민을 바탕으로 그 상황을 이해하는 글을 씁니다. 그리고 이미 그 상황을 지나온 경험자로서 할 수 있는 조언을 덧붙여 볼 수 있습니다.

- 작가가 겪은 문제와 고통을 풀어냅니다.
- 그 문제의 아픔을 공감하는 입장에서 글을 씁니다.
- 그 문제를 극복해 낸 과정에 대해 글을 씁니다.
- 그 문제를 이겨낸 발전적인 미래에 대해 글을 씁니다.
- 그 문제를 통해 얻은 교훈에 대해 글을 씁니다.

용기와 격려

　용기와 격려는 공감과 위로와 연결하여 함께 글을 쓸 수 있는 방향입니다. 대상은 마찬가지로 자신과 비슷한 한 독자로 설정할 수 있습니다. 혹은 밀접하게 엮어진 관계를 향할 수도 있습니다. 예를 들어 멀리 떨어져 살고 있는 사랑하는 가족에게, 자신이 가르침을 줘야 하는 제자에게, 고통을 겪고 있는 친한 친구에게 편지하듯 글을 쓸 수 있습니다. 비록 상대의 문제를 전부다 이해하지 못하는 상황이라도 용기와 격려의 글을 쓸 수 있으니 말입니다. 내가 용기와 격려를 해주고 싶은 대상을 정해봅시다. 이때 이 대상은 특정한 상황이나 문제를 겪고 있는 설정이 있어야 합니다. 우울증, 취업 준비, 방황, 이별 등과 같이 그 주제로 내가 해줄 수 있는 말이 있어야 하니깐 말입니다.

- 문제의 원인을 찾고 분석하는 글을 써봅니다.
- 위기로부터 얻은 유익한 점이 있다면 써봅니다.
- 그 문제를 통해 어떻게 성장할 수 있을지 써봅니다.
- 그 문제를 겪는 이의 상황을 존중하는 글을 써봅니다.
- 힘이 될 수 있는 말이 무엇인지 생각하며 글을 씁니다.

정보 전달

강의한다고 생각하고 글을 써 볼 수 있습니다. 말하는 자리에 있는 사람들(설교자, 강사 등)이 종종 책을 자주 출간합니다. 그분들이 책을 잘 내는 이유는 대본이라는 초안이 마련되어 있기 때문입니다. 그 대본에는 자신이 말하는 주제에 알맞은 청중을 향하고 있으니, 독자도 명확한 편입니다. 내가 아는 어떤 정보나 내용을 전하고 싶을 때 강사가 됐다고 생각하고 글을 써봅니다. 애초에 강의를 준비한다고 생각하고 대본을 먼저 쓰는 것도 도움이 됩니다. 이 책의 원고도 그렇게 쓰였습니다. '에세이를 쓰고 싶어 하는 대상'에게 강의한다고 생각하며 글을 적었습니다. 이 책이 하나의 강의 세트라고 했을 때, 어떤 내용이 들어 있어야 유익하고 탄탄한 구성이 될까 고민했습니다. 그렇게 고심하며 찾은 구성을 정리하며, 여러분에게 말하듯 글을 쓰고 있습니다. 이 방법의 장점은 독자(청중)의 입장을 생각하며 내용이 잘 전달되는지 점검하게 된다는 점입니다.

- 글을 쓰는 주제로 강의한다고 생각해 봅니다.
- 강의의 대본을 먼저 적는다고 생각해 봅니다.
- 내 강의를 듣고 있는 사람을 떠올리며 글을 씁니다.
- 알고 있는 것은 친절하게 알려 준다고 생각합니다.
- 그들이 잘 이해할 수 있도록 글을 쉽게 씁니다.

집필 대상

내 글을 누군가에게 전한다고 했을 때, 그 대상을 어떻게 설정하느냐에 따라 글의 분위기가 달라집니다. 친구에게 쓰는 글과 직장 상사에게 쓰는 글이 똑같을 수 없듯이 말이죠. 집필 대상을 임의로 설정하여 글쓰기 관점을 바꾸는 작업을 해봅시다. 어려운 관계, 가까운 관계, 관련된 관계, 자기 자신, 이렇게 4가지 분류 안에서 임의의 대상을 설정하기 쉽습니다.

어려운 관계 : 직장 상사, 선생님, 어른에게 말해야 한다고 해 봅시다. 형식적인 관계나 존경하지만 어려운 사람을 떠올릴 수도 있습니다. 이런 관계에서 말은 격식 있고 정중합니다. 딱딱한 분위기의 글이 될 수 있지만 내용면에서는 논리적인 글쓰기가 될 수 있습니다.

가까운 관계 : 가족, 친구, 연인 등 내가 편하게 여기는 대상에게 이야기를 한다고 생각해 봅시다. 그 관계는 당신을 깊게 신뢰하고, 당신이 무슨 말을 하든 받아주는 사람입니다. 경청의 관계라는 신뢰가 있을 때 내 이야기는 더욱 진솔하고 솔직한 표현으로 풀어질 수 있습니다. 열린 마음으로 당신이 경험한 사건과 느낌을 친근하게 전해볼 수 있습니다.

관련된 관계 : 당신이 다루고자 하는 사건과 밀접한 관련이 있는 사람과 대화한다고 생각하고 글을 써 봅시다. 공통의 경험이 있는 사람과 대화를 할 때 공감을 바탕으로 속마음이 잘 표출됩니다. 혹은 그 사건 속 나와 입장 차이가 있는 사람에게 메시지를 전해야 한다고 생각하고 설득과 권유로 글을 작성해 볼 수 도 있습니다.

자기 자신 : 그 누구도 아닌 당신 자신을 위해 글을 써 봅시다. 내가 듣고 싶었던 말, 나에게 필요한 말, 나를 위로하는 말 등, 내면의 결핍에서 출발하여 나를 이해하는 글쓰기를 할 수 있습니다. 객관적인 관점으로 내 이야기를 다뤄볼 수 있습니다.

★★★

하고 싶은 말이 넘쳐야
책이 써집니다

　　　책을 쓰고 싶다는 열정만으로 글이 술술 풀어지지 않습니다. 생각한 주제로 원고를 빠르게 다 쓰고 뿌듯한 성취감을 얼른 느끼고 싶지만, 마음만큼 몸이 잘 따라주지 않는 경우가 많습니다. 끈기가 중요하다고 했던가요? 책상 앞에 죽치고 앉아 있어도 백지장처럼 하얘진 머리는 손가락을 움직이게 하지 못합니다. 글을 쓰고 싶어도 글이 써지지 않는 순간은 고역입니다. 이럴 때는 사고가 멈춰진 머리가 원망스러울 따름입니다. 수로에 물이 원활히 흐르지 못하는 이유는 두 가지입니다. 물이 없거나, 통로가 막혔거나. 통로가 이물질로 막혔다면 깨끗이 청소하고 보수공사를 해야 합니다. 그러나 통로가 있어도 공급할 물이 없다면 아무것도 흐르지 못합니다. 즉, 글을 쓰기 위해서는 기본적으로 넉넉한 인풋input과 개조remodeling가 필요합니다.

    인풋과 개조를 통해 얻어야 하는 것은 '하고 싶은 말'입니다. 한 권의 책을 쓴다는 것은, 그 분량만큼 저자가 혼자 방대한 분량의 이야기를 늘어놓는 일입니다. 독백을 좋아하지 않는 사람은 책 쓰기가 어려울 것입니다. 반면 하고 싶은 말이 있는 사람은 어떤 방식으로든 자신의 메시지를 표현하게 됩니다. 그렇다면 여러분이 어떤 말을 하고 싶은지 찾고, 모으는 것이 책 쓰기의 지름길이 되겠죠? 여기에 조리 있게 글로 생각을 전할 수 있는 능력을 갖춘다면 금상첨화입니다.

독서의 영감

    작법서를 찾아서 읽다 보면 '자료조사'의 중요성이 제시되곤 합니다. 어떤 작법서에는 책 한 권을 쓰기 위해 최소 10권의 책을 읽어야 한다고 말하기도 합니다. 그렇게 섭렵한 책은 참고문헌이 되어 내 글의 신뢰도를 높여주는 힘이 됩니다. 여러분은 어떠신가요? 책을 쓰기 위해 얼마나 많은 책을 읽고 있으신가요?

    저는 쓰고 싶은 주제가 생기면 일단 관련 도서부터 찾습니다. 내용을 참고할 수 있는 책, 혹은 영감을 얻을 수 있는 책으로 말이죠. 얼추 10권 정도는 읽는 편인 것 같습니다. 독서의 중요성은 책을 읽다 보면 자연스럽게 '아! 이 내용은 적어야겠다. 참고해야겠다' 하는 부분들을 깨달을 수 있다는 점입니다. 페이지를 뒤적이며 필요한 자료를 찾기 위한 목적이 아닙니다. 쓰고 싶은 주제를 마음속에 꼭 붙잡고, 흐르는 글 속에 마음을 맡기다 보면 걸러지는 재료가 생깁니다. 마치 어부가 그물을 던지고 올렸을 때 잡힌 물고기를 통해 누리는 기쁨과도 같겠습니다. 그렇게 주제 안에서 써야 할 글감이 모입니다. 목차의 뼈대를 세우고 글감의 순서가 정리되면 머리가 가벼워집니다. 내가 무엇을 써야 하는지 조금이라도 알게 됐다는 사실은 손끝에 힘을 실어 줍니다.

자료조사를 열심히 하고 글쓰기를 시작했음에도 또다시 막히는 구간이 찾아오기도 합니다. 마치 안개 낀 밤바다의 희미한 등대 불빛처럼, 글쓰기의 방향이 보일 듯 안 보입니다. 이런 순간이 오면 얼마나 답답하고 찜찜한지 모릅니다. 진도가 더디게 나간다고 너무 낙담할 필요는 없습니다. 처음부터 내가 쓰고 싶은 책의 내용을 처음부터 끝까지 완벽하게 설계하고 구상할 수 있는 사람이 있을까요? 로봇이 아니고서는 우리는 글을 쓰면서, 써야 할 글을 더 발견하게 됩니다. 그렇기 때문에 막히는 구간에 이르면 뚫고 나갈 힘을 마련하기 위해 다시 인풋을 주입해야 합니다. 현재 내 머릿속에 풀어낼 수 있는 글이 있는지 없는지는 본인이 가장 잘 압니다. 만약 없다고 느낀다면 다시 독서 또는 사색으로 돌아가면 됩니다.

저는 이 책을 쓰다가 다른 업무가 바빠져 약 2주일가량 집필을 멈춘 적이 있습니다. 2주는 글쓰기의 호흡이 끊기고 머릿속에 심어놓은 영감이 사라지기 충분한 시간입니다. 다시 글을 쓰기 위해 책상에 앉았을 때 아무리 모니터를 노려보아도 글은 나오지 않았습니다. 그리고 제 머릿속도 백지상태가 된 것을 알아차렸습니다. '무엇을 써야 할지'에 대한 길을 놓친 것입니다. 끊겼던 흐름을 잇기 위해 독서 계획을 잡았습니다. 도움이 될 책(3권)을 찾아 1주일가량 독서에 집중했습니다. 책 읽기를 끝내니 예상한 대로 다시 방향을 잡을 수 있었습니다.

독서가 중요한 까닭은 영감을 주기 때문도 있지만, 자극제가 되기 때문입니다. 장시간 글을 읽다 보면 글을 쓰고 싶어집니다. 책 쓰기를 시작한 사람은 모두 글을 좋아합니다. 좋아하는 글에 흠뻑 빠지는 시간만큼 작가의 에너지를 공급받을 수 있습니다. '나도 꼭 책을 내야지. 베스트셀러 작가가 돼야지.' 같은 나만의 포부를 다시 상기하게 되면서 말이죠. 독서라는 인풋을 통해 써야 할 글감과 작가의 동력을 얻을 수 있습니다. 그러니 글이 막힌다면, 책상 앞에 앉아 한숨을 쉬기보다 좋아하는 책을 잔뜩 읽는 게 더 도움이 됩니다.

생각의 개조

자료조사와 독서를 통해 인풋을 충분히 넣었는데도 글이

잘 안 써진다면, 머릿속에 아직 정리가 잘되지 않았기 때문입니다. 내가 갖고 있는 재료가 많아도, 무엇을 언제 어떻게 써야 하는지 모른다면 무용지물입니다. 생각을 정리한다는 것은 말처럼 쉽지 않습니다. 눈에 보이는 물건도 아닌데 어떻게 조립하고 분류해야 하는 것일까요. 이 부분에 대해서는 콕 집어서 방법을 말하기가 어렵습니다. 다만 제가 글쓰기가 막힐 때 하는 몇 가지 방법을 안내합니다.

첫 번째로 종이와 펜입니다. 정리가 필요한 내용을 종이 위에 끄적여 봅니다. 꼭 답을 찾기 위해 계산하는 방식일 필요는 없습니다. 오히려 자유로운 낙서 메모가 머리에 긴장을 풀어주곤 합니다. 자리를 바꿔 더 편한 자세를 취하는 것도 좋습니다. 이때 스스로 너무 조급함이나 중압감을 주려고 하지 않습니다. 편안한 마음으로 풀리지 않는 글감의 꼬리를 타고 낙서로 이어봅니다. 얼마간 펜을 끄적이다 보면 딱히 답이 나온 것도 아닌데 머리가 정리된 기분을 느낄 수 있습니다. 이때 다시 글쓰기를 시작하면 자연스럽게 막혔던 부분이 풀어지는 것을 느낄 수 있습니다.

두 번째로 몸의 움직임입니다. 막히는 구간에 계속 빠져 허우적거리면 스트레스만 가중됩니다. 이럴 때는 머릿속을 환기하는 것이 좋습니다. 실제로 몸을 움직이는 순간 우리 뇌는 더 창의적인 생각을 하고 문제 해결 능력이 높아진다고 합니다. 가벼운 산책이나 운동을 할 때 불현듯 아이디어가 터져 나오는 이유가 그 때문입니다. 풀리지 않는 글감의 물음표를 이마 위에 띄우고 가볍게 몸을 움직여 봅니다. 청소나 산책을 추천합니다. 청소는 물건을 정리하면서 머리와 몸도 가볍게 만들어 줍니다. 산책은 깨끗한 공기를 마시고 자연 감상을 통해 감성을 풍부하게 만들어 생각에 활력을 불어넣어 줍니다. 글을 써야 한다고 자신을 의자에 가두지 않길 바랍니다. 전문적인 작가가 될수록 육체적인 활력을 더 중요하게 생각합니다.

세 번째로 의미화입니다. 앞서 에세이를 쓰기 위해 의미화가 필요하다고 제시했습니다. 누구나 오늘 했던 일을 사실대로 나열하라고 하면 글을 쓸 수 있습니다. 그러나 그 의미에 관해서 쓰라고 하면 쉽지 않습니다. 에세이는 의미화된 글을 써야 해서 종종 더 막히는 구간이 발생합니다. 의미화의 문제를 해결하는 방법은 내 안에서 답을 찾아 나가는 길뿐입니다. 이 마지막 관문은 참 어렵지만, 길을 찾았을 때 가장 큰 기쁨을 발견할 수 있는 곳입니다. 그러니 포기하지 말고 나의 과거와 현재와 미래를 돌아보며 전진해 나갑시다.

★★★

소비되는 문장이
내 글에 있나요?

　　책을 상품의 측면에서 생각해 보겠습니다. 분야마다 판매되는 내용이 있습니다. 문학을 제외한 책들은 주제에 부합하는 정보를 판매하는 것이죠. 여행 도서에서 여행 정보가, 마케팅 도서에는 마케팅 정보와 방법이 들어 있듯이 말입니다. 그렇다면 에세이는 무엇을 판매하는 책일까요? 저자의 경험과 이야기일까요? 물론 감동적인 저자의 이야기는 독자에게 귀감이 됩니다. 자서전적인 내용을 얻기 위해 구매하는 사람도 있을 것입니다. 그러나 제가 볼 때 에세이의 핵심적인 셀링 포인트는 '문장'이라고 생각합니다.

판매될 문장을 써보라고 제안받으면 어떨까요? 마음 가는 대로 쉽게 작성하고 끝내지 않을 것입니다. 문법이 맞는지 확인하고, 표현이 괜찮은지 점검합니다. 공들은 문장은 티가 납니다. 작가가 신경 쓴 문장은 독자도 알아봅니다. 문장을 이루는 단어의 흐름에 작가의 고심이 묻어나기 때문입니다. 그리고 책을 읽다가 그런 문장을 발견하면 밑줄을 긋습니다. '시간이 지나도 한 번씩 들춰보면서 읽고' 싶어서입니다. 독자의 마음을 대변하거나 큰 감명을 준 글귀는 다른 사람에게 공유하기도 합니다. 한 권의 에세이를 다 읽고 남는 것은 그렇게 자투리로 모인 문장들입니다. 밑줄이 많은 책일수록 완독 후에도 역할은 사라지지 않습니다. 그 문장이 필요할 때가 되면 독자는 언제라도 그 책을 다시 열어보게 됩니다. 그렇게 독자에게 책은, 숨겨진 보물처럼 발견된 문장의 감상으로 기억됩니다.

　언젠가 에세이를 읽다가 좋은 문장에 열심히 밑줄을 긋는 저를 보고 생각했습니다. '나는 이 책 한 권을 구매했지만, 결국 시간이 지나도 사라지지 않고 남는 것은 이 몇 줄의 문장이겠구나. 그렇다면 나는 예상치 못하게 발견해서, 가치 있다고 느껴지는 문장들을 산 것이다.' 사실 아무리 책을 열심히 읽는다고 해도 시간이 지나면 기억에서 사그라듭니다. 1주일만 지나도 내용이 가물가물해지는 걸요. 그런데 인상 깊어서 표시해 둔 문장은 뇌리에 남습니다. 암기하지 않을지라도 '그 책에 그런 내용의 문장이 있었어'라고 말이죠. 그 기억은 언제라도 그 문장을 읽고 싶을 때 책을 다시 필요하게 만듭니다. 그래서 그런지 밑줄을 많이 그은 책이 더 소중해집니다. 밑줄이 거의 없는 책은 독서 후에 별다른 감상이 없습니다. 이런 책들은 책장 자리를 정리할 때 버리거나 중고로 팔거나 둘 중 하나가 됩니다. 나에게 가치가 적다고 느끼기 때문입니다.

아쉽게도 우리는 컴퓨터처럼 들어오는 정보를 그대로 다 입력하여 보관하지 못합니다. 시간이 지난 후, 문득 어떤 책의 글귀가 명확한 형체 없이 떠오르는 순간이 있습니다. 다시 그 내용을 보고 싶을 때 책 한 권을 다 읽기에는 부담스럽습니다. 만일 인상 깊은 문장의 위치를 표시해 두었다면, 그 부분만 빠르게 확인하여 필요한 정보를 얻게 됩니다. 그러나 에세이 외의 모든 책에서 이렇게 문장을 체크하고 내용을 수집할 수 있습니다. 그렇다고 했을 때 에세이라는 글에서 문장을 파는 의미를 넣은 이유는 '울림'이라는 포인트 때문입니다. 어떤 문장이 좋으면 그냥 좋은 것입니다. 독자에게 필요하거나 유익한 정보가 담겨 있지 않다고 해도 문장 그 자체에 매료될 수 있습니다. 유명한 고전 중 우리가 익히 알고 있는 문장들이 있습니다. 데미안의 '새는 알을 깨고 나온다' 햄릿의 '죽느냐 사느냐? 그것이 문제로다'처럼 말이죠. 영화나 드라마에서 명대사가 대중들에게 더 오래 회자되는 것처럼, 문장은 그 자체로 강력한 힘이 있습니다.

에세이는 독자가 책을 통해 보물찾기 할 수 있도록 써야 한다고 했습니다. 이 부분에서 그 보물은 문장이 됩니다. 독자가 책을 읽다가 수집하고 싶은 글귀를 발견하는 순간 그 문장은 보물이 되는 것이죠. 그러니 작가는 글의 곳곳에 소리 없이 반짝이는 보물을 숨겨두어야 하겠습니다.

보물찾기 비유로 글쓰기를 한 번 더 생각해 보겠습니다. 내가 보물을 숨길 때 눈에 보이는 곳에 아무렇게나 던지지 않습니다. 찾는 순간 희열을 느낄 수 있을 만한 위치를 찾아야 합니다. 그 장소에 너무 안 보이게 꽁꽁 숨겨도 안됩니다. 보일 듯 말 듯 힌트를 줘서 결국에는 발견해 낼 수 있게 하는 게 중요합니다. 보물 찾기를 너무 쉽게 만들면 재미가 없습니다. 큰 노력을 들이지 않고 발견할 수 있는 보물이라면 찾는 기쁨이 반감될 것입니다. 이렇듯 에세이 쓰기도 마찬가지입니다. 나의 공간(이야기)에서 독자가 문득 숨겨진 보물(좋은 문장)을 발견할 수 있도록 글을 짜임새 있게 쓰면 좋습니다. 보물을 숨길 때 더 심사숙고하는 것처럼, 보물이 되는 문장을 적을 때는 더 큰 노력을 기울여야 합니다. 일반적인 이야기를 생각나는 대로 술술 적었다면, 보물이 되는 문장은 재차 가다듬고 정리하여 멋지게 만들어 내야 합니다. 쉽게 쓰인 문장과 어렵게 쓰인 문장은 독자도 느껴집니다. 얼마나 공들였는지, 작가의 깊은 사유가 얼마나 진득하게 녹여져 있는지는 드러나게 됩니다.

문장을 판매한다고 생각하면 글쓰기의 자세가 달라집니다. 과연 이 문장이 돈을 받을 가치가 있는지에 대해 원론적으로 접근되기 때문입니다. '나는 과연 팔릴 만한 문장, 즉 밑줄이 그어질 가능성이 높은 문장을 때때로 생산해 내고 있는가?' 말이죠. 사람들의 손에 오르락내리락하는 에세이는 결국 멋진 문장을 잘 판매하고 있는 책입니다. 독자는 수집하고 싶은 문장이 많은 책을 살 수밖에 없으니까요. 두고두고 보고 싶으니 말입니다. 상업적인 에세이를 쓴다는 것, 다시 말해서 사람들의 반응을 얻고 싶은 책을 쓴다는 것은, 독자가 내 이야기 세계를 여행하다가 보석 한두 개를 주워가도록 해야 하는 일입니다. 그렇다면 밑줄을 긋게 되는 문장의 특징은 무엇일까요? 다음 내용을 참고하며 소비되는 문장에 대해 고민해 봅시다.

핵심 글귀

글의 꼭지마다 소주제가 있습니다. 작가는 그 주제에서 말하고자 하는 바를 독자에게 전달하기 위해 길게 풀어서 설명하게 됩니다. 작가의 인도에 따라간 독자는 고개를 끄덕입니다. 그리고 글의 말미에 소주제가 다시 한번 확실하게 정리되면 독자의 이해도가 더 상승합니다. 그 내용이 독자에게 와닿을수록 밑줄이 그어질 확률이 높아집니다. 보통 이런 소주제의 정리 문단은 글의 말미에 들어가 있습니다. 혹은 글이 시작되는 첫 문단에 결론부터 제시될 수 있습니다. 처음이나 끝에 주제 정리 문단을 넣어 독자에게 요지를 명확하게 전달하기 위해서입니다. 문제집의 요약정리처럼 원하는 핵심을 얻을 수 있습니다.

예시: 인생의 외로움을 견디기 힘들어 신기루가 주는 달콤한 환영을 바라는 사람들도 있다. 하지만 불어오는 바람에 환상이 사라지면 남는 것은 허무와 공허다. 내 앞에 주어진 사막을 횡단할 용기마저 잃게 될 뿐이다.

깊이 있는 사유

에세이의 매력은 무엇보다 글의 곳곳에서 발견할 수 있는 작가가 마주한 세상을 보는 시선을 보는 일입니다. 작가는 현상을 그대로 받아들이지 않고, 철학적인 질문을 스스로 던지고 답을 찾기 위해 고민하는 사람입니다. 독자는 작가의 생각을 통해 생각의 지평선을 넓힐 수 있습니다. 그러므로 신선한 통찰력을 담은 글은 보물이 되는 글귀가 됩니다.

예시: '나와의 만남'으로 형성된 지표는 삶을 살아가는 데 중요한 나침반이 된다. 삶이 만남의 연속이라면, 그 만남을 통해 발견해야 하는 것은 결국 '나와의 만남'일 테다. 파동이 불편하다고 외면하면 물결은 바다로 흘러갈 수 없다.

감성을 자극하는 표현

시를 쓰듯 에세이를 쓰라는 말이 있듯이, 여운을 머금은 문장을 같이 적을 수 있다면 좋습니다. 시구에는 음률이 담겨 있습니다. 음률은 사람의 마음 깊이 빠르게 침투하여 기억되는 힘을 갖고 있습니다. 예전부터 긴 글을 외우기 위해 음률을 붙여 노래를 만든 것처럼 말이죠. 에세이에서 시적 표현을 읽을 때, 그 글은 머리를 지나 가슴으로 스며들 것입니다. 그리고 그 문장의 따뜻함에 마음에 감동이 있었다면 밑줄을 치지 않고 버티지는 못하게 될 것입니다.

예시: 적적한 삶의 순간마다 갈증과 결핍을 채워주는 존재들,
사랑을 얻고 사랑을 배우고 사랑을 공유하는 관계들,
몸과 마음의 평안을 누리고 꿈을 꾸게 해주는 존재.
오아시스같은 한 사람만 있다 하여도
우리는 살아갈 힘을 얻을 수 있다.

★☆☆

이야기를 솔직하게
쓰기 겁이 난다면

지극히 개인적인 일화를 글로 쓰려고 할 때 얼마나 솔직하게 표현해야 하는지 고민이 생길 수 있습니다. 특히 부정적인 경험을 다룰 때 더 그러합니다. 나의 은밀한 내면을 공개하는 데 두려움이 생깁니다. 그 이야기를 접한 사람들이 나를 어떻게 생각할지 신경이 쓰입니다. 비판과 멸시는 자존감이 무너지고, 동정심은 자존심이 상하니까요. 또 안 좋은 경험은 대다수가 관계 문제로 얽혀 있습니다. 그 이야기를 전하기 위해서는 타인을 거론해야 해서 쉽지 않습니다. 행여나 나의 글로 인해 누군가 상처받거나 실망하면 어쩌나 염려가 됩니다. 이런 고민이 머릿속에 돌고 돌다 보면 몇 가지 일화가 걸러집니다. 공개적인 글을 쓸 때 나 자신과 타인의 입장을 고려해야 함은 중요합니다. 그러나 솔직함에 대해 너무 큰 경계와 두려움은 진정성 있는 에세이를 쓰는 데 걸림돌이 됩니다. 즉, 에세이 작가는 개인적인 이야기를 지혜롭게 다룰 수 있도록 해야겠습니다.

저는 몇 번이나 썼다 지웠다 한 글이 있습니다. 바로 가족에 대한 이야기입니다. 특히 어린 시절 제가 겪었던 상처입니다. 그 트라우마는 저의 성장기 내내 긴밀한 영향을 미쳤습니다. 지속되었던 가정의 문제와 그 속에 겪어온 감정적인 격변은 저에게 '실존적인 문제'를 깊이 탐구하게 했습니다. 글을 쓰게 되면서 제 삶의 중요한 사건 사고였던 이 문제를 다뤄야겠다는 생각이 종종 듭니다. 또 글로 잘 풀어서 저와 비슷한 고통을 겪는 독자가 있다면 공감과 위로를 선사하고 싶습니다. 그래서 몇 번이나 글쓰기에 도전했습니다. 그때 찾아온 고민이 바로 '어느 정도 솔직한 게 좋을까?'라는 부분입니다. 저의 치부를 공개하는 것은 그런대로 괜찮습니다. 달가운 일은 아니지만 그렇다고 어려운 것도 아니었으니까요. 그러나 제 경험에 함께 묶여 있는 가족이라는 관계가 문제였습니다. 누구나 사람은 양면적입니다. 좋은 모습도 있고, 나쁜 모습도 있습니다. 나쁜 모습은 더 강하게 기억에 남습니다. 제가 만일 엄마에게 상처받았던 일화를 쓴다면, 글은 그 순간을 박제해 버립니다. 저와 엄마의 관계에서 부정적인 감정만 있던 것은 아닌데, 글을 읽는 독자들은 그 모든 배경을 알지 못하니까요. 이야기 속 당사자가 내 글을 볼 가능성이 적다고 하더라도 마음이 편하지 않습니다. 마치 누군가에 대해 뒷담화했을 때 개운하지 않은 것처럼 말이죠. 그 대상이 애증의 관계라면 어느 순간 자책이 더 심해질 것입니다. 그래서 가족과 관련된 글을 쓰고, 다시 쓰고를 수십 번 했지만, 여전히 노트북 개인 폴더에 들어가 있습니다. 언젠가 가장 지혜롭게 이야기를 다시 풀어낼 수 있는 실력이 되길 기다리면서요. 그때까지 몇 번이나 더 쓰게 될지 모르겠네요.

어쨌든 이런 고민의 답을 찾기 위해, 에세이의 솔직함에 대해 탐구해 본 적이 있습니다. 에세이를 읽으면서 작가의 은밀한 경험이 녹아든 부분을 발견하면 유심히 살펴보았습니다. 그 내용을 읽을 때 독자인 나는 어떤 감상이 되는지, 그리고 작가는 글에서 어떤 뉘앙스를 가졌는지 말입니다. 제가 파악해 본 몇 가지 기준들에 대해 다음과 같이 전합니다.

현재 영향이 없는 사건

솔직하게 쓰고 싶은데 쉽지 않다는 생각이 든다는 점은 솔직하기 어려운 내용이기 때문입니다. 마음의 부담이 생기는 경중은 현재 나에게 얼마나 영향을 미치고 있는지로 파악될 수 있습니다. 아직 아물지 않은 마음의 상처가 있을 때, 그 상처를 불특정 다수에게 공개하기란 당연히 어렵습니다. 누군가를 떠오를 때마다 감정적 격변이 일어난다면, 그 대상과 관련된 사건을 쉽게 쓸 수 있을 리 만무합니다. 심리적이나 물리적이나 영향을 받고 있는 사건은 아직 글로 쓰지 않는 것이 낫습니다. 상처가 다 아물지 않았는데 무리하다가 덧날 수 있습니다.

자신의 치부를 드러낸 에세이 글을 살펴봤을 때도 '그땐 그랬습니다'의 어감을 가지고 있습니다. 마치 아득한 과거의 추억을 회상하듯 말입니다. 그 사건은 현재 작가에게 큰 영향을 미치지 않으니 글에 홀가분이 묻어나 있습니다. 고통의 시간을 견디며 얻은 인생 교훈이 담겨 있으면서 말이죠.

'얼마나 솔직하게 써야 할까?'라고 고민되는 이야기가 있다면, 먼저 그 사건이 나에게 현재 얼마나 영향력을 가졌는지 점검할 필요가 있습니다. 그리고 이제는 털어낼 수 있는 지난 사건이라면 용기를 가지고 글을 써 봅시다.

연약해도 괜찮다

사람은 누구나 불완전합니다. 다 가진 것 같은 사람이라도 내면에 미성숙한 어린아이가 있는 경우도 많습니다. 내가 얼마나 연약한 사람인지는 타인은 잘 모릅니다. 그 사실에 대해 우울해할 필요는 없겠습니다. 내가 그렇듯, 모두가 자신의 가장 연약한 모습을 가리고 살아가니까요.

솔직한 내면을 글로 풀어낼 때 끝은 긍정의 메시지로 향하도록 하는 게 좋습니다. 생각해 보세요. 만일 어떤 책에서 저자가 힘들었던 사건을 구구절절 늘여 놓고, 그래서 여전히 힘들다고 말하고 있다면 어떨까요? 독자는 자신의 감정 쓰레기통의 느낌을 받게 될 것입니다. 독자는 저자를 위로하기 위해 책을 읽지 않습니다. 독자는 좋은 감상을 얻기 위해 책을 읽습니다. 과거의 고통에 대해 글은 쓸 수 있지만, 그 사건을 통해 독자에게 전달하는 메시지가 있어야 합니다.

인간은 남의 불행에 더 관심이 생깁니다. 안 그러고 싶어도 우리 몸에 그런 못난 DNA가 있나 봅니다. 남의 성공은 배가 아프고, 실패는 위안이 됩니다. 그러니 힘들었던 사건을 쓴다고 해서 독자가 싫어하면 어쩌나 걱정할 필요는 넣어둡시다. 오히려 그 이야기로 독자는 내게 관심을 가질 수 있습니다. 그렇다고 불행 베틀이 되지 않도록, 불행을 통해 과도한 관심을 갈구해서도 안 되겠지만 말입니다.

타인의 이야기는 신중하게

부정적인 사건을 다룰 때 연관된 관계가 있다면 그 언급은 최소화하는 게 좋습니다. 만일 그 대상에 대해 원망이나 증오 같은 감정이 남아 있다면 더 신중할 필요가 있습니다. 감정적으로 요동치는 순간에 표현은 나도 모르게 더 격해집니다. 또 감정의 파도에 휩쓸리고 있을 때 현상을 객관적으로 보지 못할 때가 많습니다. 시간이 지나서 오히려 상대방의 입장과 마음이 이해될 수 있습니다. 동시에 내가 품었던 개인적인 원망에 대해 후회가 찾아올지도 모릅니다. 이렇듯 감정은 어떻게 변할지 모릅니다. 그런 상황을 염두에 뒀을 때, 누군가에 대해 일방적으로 안 좋은 감상을 적은 글은 나를 위해서 피하는 게 좋습니다. 미래에 자신이 적은 글로 자책하게 될 위험을 방지하기 위해서입니다. 무엇이든 타인을 거론한다는 것은 조심스러워야 합니다. 좋은 이야기라면 부담은 적겠지만 말이죠. 물론 예외는 있습니다. 명백한 범죄의 일방적인 피해자일 때 가해자를 존중할 필요는 없겠습니다. 가해자가 나와 친밀한 관계가 없는 인물이면 더욱 그러합니다.

최대한 개인적인 감정을 제거하고 사실 위주로 담백하게 전하는 것도 좋은 방법입니다. 애초에 부정적인 이야기와 관련된 인물에 대해 너무 많은 표현을 하지 않겠다고 생각하고 있는 게 편합니다. 대신 그 사건을 겪었을 때 내가 어땠는지에 초점을 맞춥니다. 변화와 성장에 집중되도록 말입니다.

작가에게 향하는 감동과 존경

언젠가 책에서 저자가 '자살 시도를 한 경험, 정신과 치료를 받은 경험, 실패했던 경험, 가정 폭력을 겪은 경험' 등의 이야기를 읽은 적이 있습니다. 그런 내용이 실린 책을 다 읽고 어떤 기억이 남는지 돌아봤습니다. 먼저는 '그렇게 잘 생각은 안 난다'가 있습니다. 책을 읽고 나서 시간이 지나면 대체로 내용을 잊는 경우가 많습니다. '어떤 책을 읽었다'는 기억만 남습니다. 그중 임팩트 있는 책은 작가와 중요한 사건이 몇 개 정도 기억납니다. 이때 작가가 힘들었던 경험에 대해 비판적인 감상이 일어난 적은 적습니다. 오히려 감동과 존경이 우세했습니다. '그 작가는 그러한 어려움을 이기고 그렇게 멋지게 살고 있어! 어떤 부분을 본받아야겠다!'라는 식으로 말입니다. 작가가 솔직하게 담아냈던 이야기는 한 줄의 감상평을 만드는 거름이 될 뿐입니다. 사람이 뇌는 로봇이 아니어서 자신에게 큰 비중 없는 것의 세세한 기록까지 기억하기란 어렵습니다. 결국 부정적인 사연을 오픈했을 때 독자가 얻는 감상이 존경이 우세하다면, 작가는 솔직함을 두려워할 이유가 적어집니다. 그러므로 작가는 글을 쓸 때 부정적인 사건 하나를 솔직하게 공개해도 되는지 전전긍긍하는 것이 아니라, 그 과정을 통해 어떻게 이겨냈는지에 집중하는 것이 좋습니다. 고통을 극복하는 서사에는 감동이 담길 수밖에 없습니다. 그 과정이 누군가는 쉽게 할 수 없는 일이라면 존경의 농도가 더 짙어집니다.

솔직하게 글을 쓰고 싶다면 지혜를 벗 삼아 용기를 가집시다. 내가 겪은 사건은 타인에게는 그저 스쳐 지나가는 바람일 뿐입니다. 잔상과 감상을 남기는 바람인 거죠. 그러니 내 이야기의 독자에게 한 줄의 감상평을 어떻게 남기고 싶은지 고민하는 게 중요합니다. '그 고통을 극복한 작가가 참 대단하고 멋있다!'라는 느낀 점을 갖게 한다면 수치스러운 사건을 덮을 것입니다. 그렇게 독자를 의식하는 일에서 자유로워집니다.

★ ☆ ☆

독립 출판을 목표로 시작해보기

　　책 쓰기를 처음 시작하는 분은 글쓰기 리듬을 만드는 것이 중요합니다. 책 한 권을 완성해 보는 작업을 통해 성취감을 얻고, 창작에 대한 추진력을 얻어야 합니다. 방법론을 너무 많이 고민하면 에너지를 빼앗길 수 있습니다. 생각만 하고 진도를 나가지 못하게 되는 것이죠. 초보자는 아직 영글어지지 않은 창작의 에너지를 작업의 시작과 추진하는 일에 집중하는 편이 좋습니다. 이후 글쓰기를 하면서 집필 방법에 대한 고민을 합니다. 앞부분에 설명한 '메시지 의미화를 적용한 공유일기 쓰기'가 막히는 분들이 있을 것입니다. 이때 다음과 같은 방향성을 제시해 드립니다. 의미화된 메시지를 풀어내는 일이 어렵고, 어렵다 보니 진도가 안 나가고, 진도가 안 나가서 결국 멈추게 될 바에는, 지금 내가 쓸 수 있는 글로 책을 완성하는 쪽이 더 좋습니다. 한 차례 책을 완성해 보는 과정을 통해 스스로 느끼고 배우는 것이 많기 때문입니다. 그런 분들은 [개인일기] 또는 [자유 창작]으로 도전해 봅니다. 그리고 창작과 함께 '독립 출판' 도전을 권해드립니다.

독립 출판의 진입 장벽

독립 출판이란 무엇인가요? 간단하게 말하면 출판사를 통하지 않고 만드는 책입니다. 기획과 쓰기와 제작의 모든 일을 개인이 직접 도맡아 완성한 하나의 작품입니다. 그 책을 독립 서점이나 독립 출판 페어에서 판매할 수 있습니다. 단, 교보문고 같은 기성 서점은 출판사에서 나온 책만 입고할 수 있기 때문에 거래가 불가능합니다.

독립 출판은 개인이 만드는 작품이기 때문에 주로 나오는 책의 분야는 '에세이, 소설, 그림책, 사진집, 예술 서적' 등입니다. 독립 출판의 장점은 자유로움에 있습니다. 내가 만들고 싶은 책을 누군가의 제재 없이 구현해 낼 수 있으니까요. 그렇다 보니 책의 모양도 개성 넘치는 것들도 있습니다. 예를 들어 저자가 손수 제본해서 만든 한정판 책이나, 원고지를 봉투에 담아 판매하거나, 엽서 크기만 한 미니북을 만들 수 있습니다.

기성 출판은 누구나 쉽게 접근하지는 못합니다. 출판사에 투고하여 원고가 선정돼야 하거나, 하다못해 개인 출판사를 차려서 진행해야 합니다. 그 과정에서 작가로 어느 정도 인정받아야 하는 관문이 있습니다. 교보문고 같은 대형 서점에서 책을 판매하기 위해서는 상품의 가치를 높여야 합니다. 편집이나 디자인 등 모든 면에서 아마추어의 실력을 넘어선 퀄리티가 필요합니다. 기성 서점에서는 책에 찍혀 있는 정가를 보고 그 가격을 주고 구매해도 괜찮을지 저울질합니다. 판형, 분량, 내용, 저자의 인지도 등 책의 물질적 특성이 구매 결정에 영향을 미칩니다.

판매의 측면으로 봤을 때 기성 서점과 독립 서점에서 판매하는 에세이 책을 접했을 때 느낌이 조금 다릅니다. 독립 서점에서 판매되는 책은 퀄리티의 기준이 완화 됩니다. 독자 입장에서 '창작자의 작품'이라는 인식이 들어가기 때문입니다. 그 창작자에는 초보자도 있을 것이라는 무언의 존중도 담겨 있습니다. 즉, 기성 출판물과 비교했을 때 완성도와 퀄리티가 뛰어나지 않아도 책(작품)으로 인정해 주는 것입니다. 그 이유는 무엇일까요? 저는 진입장벽에 있다고 생각합니다.

독립 출판은 누구나 시도할 수 있습니다. 독립서점에 가는 대부분 사람은 결국 독립 출판에 관심이 있는 분들입니다. 자신도 언젠가 책을 만들고 싶기 때문에, 작은 서점에 들러 다양하고 개성 있는 창작물을 접하는 것이죠. 독립 출판에 도전하는 작가가 자신이 될 수 있다는 마음은 작품의 수용성을 넓혀줍니다. 그래서 판형, 분량, 내용, 저자의 인지도와 별개로 그 책 자체가 개성이 있으면 구매하게 됩니다. 책을 창작자의 작품이라고 인식하며 콘셉트로 표현되는 매력을 중점적으로 보게 됩니다.

독립 출판 도전의 장점

초보 창작자가 독립 출판부터 시작하는 것이 좋은 이유가 바로 여기에 있습니다.

첫 번째로 [개인일기] 형식으로 책을 만들어도 판매될 가능성이 커집니다. 독립 출판물이라는 더 완화된 범주 안에서 대중은 책의 개성으로 구매를 판단할 것이기 때문입니다. 자신에게 필요한 메시지가 부족할지라도 크게 개의치 않습니다. 그저 그 책이 신선하고, 재밌고, 호기심을 끈다면 구매하게 될 것입니다. 실제로 독립 출판물을 살펴보았을 때도 작가의 이야기 위주로 초점이 맞춰진 책이 많습니다. 그 이야기를 자신이 풀어낼 수 있는 작업 방식으로 매력적인 콘텐츠를 만들어 낸 책입니다. 그러므로 메시지를 전달하는 의미화된 내용을 만드는 것이 어렵다면, 일단 내 이야기에 집중하여 글을 써봅니다. 이때 독립 출판을 생각하면서 글에 개성을 입힐 콘셉트를 마련하면서 말이죠.

두 번째로는 독립 출판을 하면서 출판에 대해 배울 수 있기 때문입니다. 독립 출판은 내가 책을 직접 만들고, 직접 판매하는 일입니다. 작은 서점에 손수 문의하고 책을 입고시켜야 합니다. 페어가 있다면 참여하여 대중들의 반응을 두 눈으로 확인합니다. 책의 판매를 경험해 보는 일은 책을 만드는 사람 입장에서 가장 필요하고 중요합니다. 책 쓰기가 처음일수록 작업자의 사고가 대중을 향해 확장되어 있지 않기 때문입니다. '내가 만들고 싶은 책'이라는 동기 때문에 판매에 대한 관점을 생각하지 못합니다. 이 책이 과연 팔릴 것인지, 독자의 반응을 얻을 수 있을 것인지 말이죠. 창작자는 자기 작품에 콩깍지가 씌워집니다. 나 자신이 최고로 멋있고 예뻐 보이는 것처럼 말입니다. 그러한 마음이 판매에 대한 관점을 객관적으로 생각하지 못하게 합니다. 결국 '어느 정도 팔리겠지'라는 안일한 태도가 득이 될 것이 없구나를 깨닫는 순간을 겪게 됩니다. 그 일은 판매 실적은 적나라하게 마주할 때 가능합니다. 물론 판매 실패를 겪는 것은 슬프지만, 그 과정을 거쳐야 조금씩 작가의 사고가 확장될 수 있습니다. 내가 만들고 싶은 책이라는 동기 위에 '독자를 위한 책'이라는 중요한 기준이 필요하다는 것을 깨닫습니다. 그래서 기획부터 판매까지 모든 과정을 직접 겪을 수 있는 독립 출판은 작가로서 성장을 빠르게 촉진해 줍니다. 단순히 출판 경험치를 얻고 끝나는 일이 아닙니다. 계속해서 작가로 성장하기 위해 '어떤 책을 기획하고 쓸 수 있어야 하는지' 대중의 반응을 직시하며 고민하고 탐구해 나갈 수 있게 되는 것입니다.

세 번째로 독립 출판을 목표로 도전하는 사람이 결국 책 한 권 쓰기에 완성할 확률이 높습니다. 출판이라는 버킷리스트를 가지고 있는 사람이 많습니다. 이때 생각만 하고 실행하지 못하거나, 실행했지만 중간에 멈추는 경우가 대다수입니다. 그 꿈을 이루는 사람은 소수에 불과합니다. 그들은 어떤 차이가 있을까요? 능력이 더 좋아서? 글을 더 잘 써서? 그렇지 않습니다. 목표를 달성하느냐 마느냐는 간절한 동기와 데드라인에 있습니다. '그냥 시간 나는 대로 글을 써볼래'와 '독립 출판까지 목표하고 책을 쓸 거야'의 두 마음 중 간절함이 큰 쪽은 어디일까요? '글을 쓰다가 완성하는 대로 끝낼래'와 '올해 안에 독립 출판을 하기 위해 완성하겠어.' 중 어떤 마음이 더 촉진제가 클까요? 당연히 후자일 수밖에 없습니다. 전자의 경우 혼자 창작하는 시간이 주를 이룹니다. 아직 숙달된 작가가 아니라면 장기간이 필요로 하는 작업을 포기하지 않고 하기란 쉽지 않습니다. 그래서 중간중간 자극제가 필요합니다. 그 자극제는 글쓰기 모임이나 페어 준비처럼 관계 안에서 형성된 데드라인 속에서 얻어질 수 있습니다. 독립 출판을 목표로 하는 사람은 모임을 찾아 다닙니다. 독립 출판에 대한 정보를 듣고, 사람들과 교류하고, 글쓰기를 배우기 위해서입니다. 모임에 참여해 본 사람은 자신의 현재 수준과 성장해야 할 단계를 파악할 수 있습니다. 나보다 더 글을 잘 쓰는 사람, 선생님을 통해서 말이죠. 모임에 참여하고, 글쓰기를 배우고, 같은 목표를 지닌 사람들과 교제하면서 자연스럽게 소속감을 얻습니다. 적절하게 발로 뛰며 글을 쓰는 사람은 그렇게 독립 출판에 점점 밀접해지고 있다고 느껴집니다. 소속감은 자극제를 충전해 주는 좋은 요인입니다. 이미 뛰어들었으니, 끝까지 한번 가보겠다는 결단을 끌어냅니다. 그러므로 혼자 글을 쓰는 사람보다, 자신이 목표한 기간에 책을 완성할 확률이 현저히 높아집니다.

 이처럼 독립 출판은 성공하기 위해서가 아니라 도전을 완수하는데 좋은 에너지가 될 것입니다. 그 속에서 작가로서 성장해 나가야 할 방향을 찾게 되면서 말입니다.

독자가 중요한 기획

3장

★★☆

에세이 책의 작가와 독자의 관계

"독자를 위한 글을 써야 한다. 독자가 있는 주제를 다뤄야 한다." 많은 작법서에서 공통으로 하는 말입니다. 책은 판매되는 상품이기 때문입니다. 기획할 때 예상 독자를 설정하고, 독자를 위한 내용을 고민하는 것은 중요합니다. 인문학이나 실용 서적은 '독자가 어떤 내용이 필요한가'에 집중하여, 관련 자료를 조사하고 연구하여 나온 결론을 전달하면 됩니다. 이런 분야의 책은 독자의 특성을 탐구할 필요가 있습니다. 하지만 에세이는 정보 전달의 성격이 약합니다. 그렇다면 에세이를 쓸 때는 독자를 어떻게 생각해야 할까요?

다른 분야의 책에 비해 에세이의 매력은 작가와 독자가 글을 통해 관계를 맺는다는 것입니다. 작가는 이미 자기 삶과 생각을 책으로 나누었습니다. 그 책의 독자는 작가의 개인적인 이야기를 들은 셈입니다. 독자는 직접 작가에게 답변할 수 없지만 사유할 수는 있습니다. 작가의 글에 공감하고 감동한 폭이 큰 만큼 독자는 팬이 됩니다. 그렇게 독자는 작가와 책으로 이어진 일방적인 관계를 맺습니다. 서로 만나지 못했더라도 독자는 작가에게 친밀함을 느끼고, 공감으로 맺어진 유대감 속에서 팬심이 자라나게 됩니다. 에세이 분야의 독자는 책을 읽는 이유가 '실용적인 내용'보다는 작가의 '경험과 철학'을 얻고 싶기 때문입니다. 그래서 에세이는 실용이나 인문 분야 보다 독자의 특성(니즈)을 탐구해야 하는 몫의 부담이 적어집니다.

독자는 작가와 함께 창작하는 한 주축입니다. 에세이가 '작가'의 관점에 초점을 맞춰 글을 써나가는 편이라고 해도, 독자는 글의 문학적 현상을 가능케 하는 주체라는 사실을 잊으면 안 됩니다.

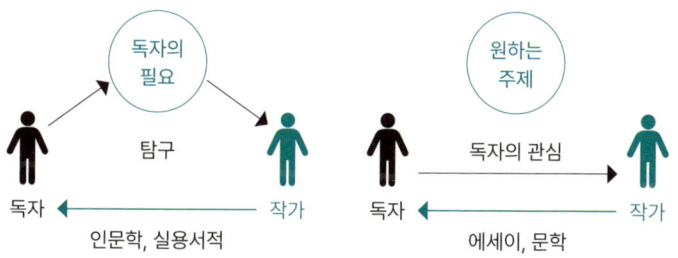

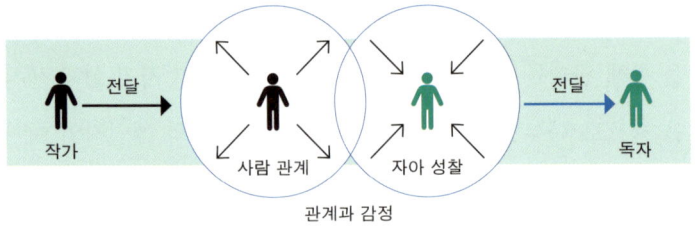

관계과 감정

　　독자가 '작가의 아픔을 헤아리고, 위로하고, 도움을 주고 싶은' 목적으로 책을 읽는 경우는 거의 없습니다. 일방적으로 특정 메시지를 듣는 것을 허용하는 때는 내 안에 어떤 '필요'를 채우고 싶기 때문입니다. 그래서 에세이의 주제들이 관계와 감정으로 풀어지는 내용이 많습니다. 독자가 얻고 싶은 내용은 자신의 결핍에서 비롯된 필요를 채워주는 위로, 공감, 격려, 교훈, 성장 등의 메시지를 선호하게 됩니다.

한 명의 독자

　　출판을 위한 책 쓰기를 하는 사람은 다음과 같은 질문으로 기획을 점검해 나가야 합니다. '이 책의 독자는 누구인가요? 또 독자가 이 책을 왜 구매해야 할까요?' 사람은 자기중심적인 사고 경향이 있어서 불특정 다수의 독자가 내 책을 당연히 좋아할 것이라고 여기곤 합니다. 내 눈에는 멋지고 근사한 책이기 때문입니다. 이런 착각에 잡아 먹히지 않도록 작가는 독자를 생각하며 자신의 글을 발전시키는 데 초점을 맞춰야 합니다.

처음 책을 쓰는 사람도 빠르게 전문가가 될 수 있습니다. 반대로 10년간 글을 썼더라도 여전히 초보로 남을 수 있다고 생각합니다. 저는 이 기준을 작가가 독자를 얼마나 염두하고 있는지에 둡니다. 책을 출간하고 냉혹한 대중의 반응을 느껴본다면 독자를 위한 관점이 얼마나 중요한지 새삼 느낄 것입니다. 그러므로 작가로 발돋움하고 싶다면 자신에게 꽂혀 있는 관점을 열고 시야를 확장해야 합니다. 그렇게 열심히 만든 내 책을 읽어줄 독자는 어떤 사람일까, 궁금하지 않은가요? 독자를 정하는 과정은 단순히 성별, 나이, 직업 등으로 뭉뚱그려 나누는 걸로는 부족합니다.

책을 읽는 독자 한 사람을 구체적으로 설정해 봅니다. 처음에는 예상 독자를 만능 캐릭터로 잡는 실수를 많이 범합니다. 예를 들어 여행 서적이라고 했을 때 전 연령대/남녀노소/국내·해외/다양한 여행 스타일을 모두 좋아하는 등 최대한 모두가 읽을 수 있도록 정합니다. 즉 여행이라는 큰 범주를 다 놓치고 싶지 않은 것입니다. 독자 범위가 넓을수록 책이 많이 팔릴 거로 생각합니다. 하지만 오히려 정반대입니다. 명확하지 않은 주제와 방향은 오히려 이도저도 아니게 됩니다. 독자 입장에서는 전문적인 책을 원합니다. 마치 관련 없는 여러 메뉴를 판매하는 식당을 전문적이라고 보지 않는 것과 비슷합니다. 예상 독자를 구체적으로 설정할수록 주제와 내용이 명확해집니다. 내가 모르는 분야에서 예상 독자를 명확하게 만들어내기 어렵습니다. 그 분야에 속한 사람의 관심사나 고민과 걱정을 잘 알지 못하기 때문입니다. 그래서 에세이 작가가 독자를 설정할 때 가장 자주 향하는 방향은 '자기 자신'입니다. 나와 같은 고민이나 경험을 한 누군가를 위해 글을 쓰는 것이죠. 내 이야기를 쓰기 때문에, 내 이야기에 공감할 수 있는 대상을 떠올리게 됩니다. 에세이의 서문을 읽다 보면 이런 포인트를 빈번하게 발견할 수 있습니다. '나와 같은 독자를 위로하고 싶습니다'라는 메시지를 어렵지 않게 찾을 수 있습니다. 이런 접근을 생각하는 사람은 먼저 내가 쓰고 싶은 글의 주제와 내용을 정리합니다. 그 후 그 내용에 공감 갈 수 있는 나와 같은 독자를 상상합니다. 그다음 그 예상독자가 필요한 정보나 내용이 무엇이었는지 찾아나갑니다. 과거의 나의 경험에서 어떤 것들이 필요했는지 다시 생각해 보는 일입니다. 이미 한 차례 성장한 현재 시점에서 과거의 나에게 하는 말이라고 볼 수도 있습니다.

군중 속에서 '도와주세요'라고 말하면 대다수가 적극적으로 반응하지 않습니다. 자신에게 말한 게 아닐 것으로 생각하기 때문이죠. 이때 '노랑 옷을 입고 계신 분, 도와주세요.'처럼 분명한 한 사람을 지목하면 그 사람은 어떤 답이든 반응할 수밖에 없습니다. 얼마나 확실히 지목하느냐에 따라 반응 여부가 갈리게 됩니다. 타깃을 정하는 일도 이와 같습니다.

자, 이제 내 책의 독자를 예상해 봅시다. 먼저 현시대를 살고 있는 실존 인물로 상상해 봅니다. 주변 지인을 대상으로 설정해도 되겠습니다. 그 사람은 어떤 직업을 갖고, 어떤 성격이고, 어떤 인생을 살고 있는지 발견해 봅시다. 그다음 자신에게 다시 질문을 해보는 것입니다. '독자는 이 책을 왜 읽을까?'

★★★

독자의 마음을 사로잡는,
답이 되는 메시지

　　독자의 마음을 사로잡는 글은 어떤 특징이 있을까요? 정답부터 말하면 '답을 주는 메시지'를 갖고 있는 내용입니다. 독서란 지식의 숲에서 아름다운 꽃을 피울 씨앗을 줍는 일입니다. 설레는 마음으로 보물찾기 하는 아이처럼, 책을 읽다가 예상치 못하게 얻는 인사이트는 즐거움이 됩니다. 독자는 그 지식의 씨앗을 어떻게 자양분으로 삼느냐에 따라 싹이 돋고 꽃이 핍니다.

　　책은 콘텐츠를 만드는 일입니다. 콘텐츠가 독자가 가지고 있는 의문이나 고민에 답을 주고, 그 답이 가치 있다고 여겨진다면 호응하지 않을 이유가 없습니다. 〈내 생각과 관점을 수익화하는 퍼스널 브랜딩〉이라는 책에서 성공적인 브랜딩은 '타인을 고민으로부터 해방시켜 주는 것'이라고 말했습니다. 작가는 결국 자신을 브랜딩 해 나가야 하는 일입니다. 그런 면에서 적용할 수 있는 관점입니다. 내 책에서 답이 되는 메시지를 만들어 낼 수 있다면 독자에게 환호받을 것입니다.

    답은 문제에서 나온 값입니다. 수학 문제를 풀 때 내가 좋아하는 숫자를 쓴다고 정답이 될 수 없습니다. 올바른 답은 문제를 이해하고 풀었을 때 얻어집니다. 그러므로 답이 되는 메시지는 독자의 문제를 이해하는 데서 시작됩니다. 내 책의 독자를 '나와 같은 사람'으로 지정했다면, 내가 다뤄야 하는 문제를 살피고 이해하면 되겠습니다. 내가 먼저 그 문제를 해소할 수 있는 길의 방향을 찾는 것이죠. 그 방향은 다양한 형태로 존재합니다. 여기서는 3가지 포인트로 다뤄보겠습니다.

    첫 번째 답 : 공감
    누군가와 대화할 때 공감대가 같으면 호감이 상승합니다. 또 나와 비슷한 일을 겪은 경험을 들을 때 귀가 쫑긋해집니다. 이때 동감이 클수록 높은 반응이 일어나고, 대화의 즐거움은 커집니다. 남성보다 여성의 공감 능력이 더 높다고 합니다. 여성의 대화를 들으면 서로에게 맞장구를 잘 칩니다. 경청과 반응은 그 이야기에 더 몰입하게 도와줍니다. 왜 그럴까요? 말하는 사람은 자

기 생각이 지지받는다는 것에 힘이 나고, 듣는 사람은 자신의 경험도 그 사람에게 이해받을 수 있다고 느끼기 때문입니다. 사람은 거절감을 겪는 것을 힘들어합니다. 말을 하는 사람도, 듣는 사람도, 긍정적인 반응을 원합니다.

책을 읽을 때도 마찬가지입니다. 에세이 독자는 저자의 이야기를 접하며 자신의 삶을 돌아볼 수 있습니다. '나도 그런 일을 겪은 적이 있는데, 나도 비슷하게 생각했는데, 작가의 말이 공감이 간다!'처럼 그 책의 작가가 나와 비슷한 경험과 생각을 하고 있다는 것을 알게 되면 마음이 열립니다. 작가의 이야기를 접하면서 어디에도 홀가분하게 말하지 못했던 억눌렸던 감정의 대리 해소가 일어납니다. 내용의 공감이 클수록 독자는 책을 통해 위로를 얻습니다. 자신과 비슷한 경험 혹은 아픔을 이겨내서 성장했다는 사실만으로도 용기와 힘을 얻을 수 있기 때문입니다. 작가의 이야기에 자신을 투영하면서 말이죠. 독자는 자신의 내면을 돌아보고, 성장해 나가야 할 지점을 찾을 수 있습니다. 공감의 힘은 큽니다. 나를 이해해 줄 수 있는 사람이 있을 것이라는 희망은 아무리 작아도 빛을 만드는 법입니다.

두 번째 답 : 분석

언젠가 제게 이명이 생긴 적이 있었습니다. 끊임없이 귓가에 울리는 삐-소리로 평온을 잃었습니다. 쉬지 않고 울리는 사이

렌 소리에 머리가 깨질 것 같았습니다. 저는 이비인후과를 찾아가서 증상을 말하고 각종 검사를 받았습니다. 그리고 의사 선생님으로부터 다행히도 귀에는 아무 문제가 없다는 답을 들었습니다. 덧붙여 이명이 생기는 이유에 대해 듣고, 앞으로 어떻게 대처해야 하는지 알게 되었습니다. 그러자 이명 때문에 괜스레 지속됐던 불안함과 스트레스가 한결 가시면서 개운해졌습니다. 우리는 몸에 이상 증상이 생기면 병원에 찾아갑니다. 현재 나를 괴롭히는 이 불편한 증상의 원인을 알고 대처하기 위해서입니다. 선생님의 진찰과 진단으로 나의 문제가 분석되면 마음이 편해집니다. 결과가 어떻든 일단 '무지에 대한 불안함'에서 벗어날 수 있기 때문입니다.

책을 읽다 보면 간혹 '아하!'라는 탄성이 일어날 때가 있습니다. 행동이나 심리를 분석해 주는 내용일 때 그 효과는 더 크게 일어납니다. 나도 내가 왜 그러는지 몰라서 답답했던 문제에 대해 답을 얻을 수 있습니다. 괜히 스스로를 깎아내렸던 부자유함이 해소되는 순간입니다. 이러한 문제에 대해 진단하는 답을 마련하기 위해서는 현상 분석이 필요합니다. '왜'라는 물음에 대해 논리적이고 타당성 있는 분석이 필요한 것이죠. 에세이에서 나오는 분석은 꼭 전문가의 소견이어야 하지는 않습니다. 작가가 자신만의 성찰로 현상을 깊이 있게 잘 분석했다면 독자는 그 속에서 답을 얻을 수 있습니다.

세 번째 답 : 대리만족

대리만족 콘텐츠는 언제나 적절한 수요가 있습니다. 먹고 싶은 대로 다 먹는 영상, 자유롭게 여행을 다니는 영상, 사고 싶은 물품을 구매하여 소개하는 영상처럼 말입니다. 그런 대리만족 콘텐츠가 소비되는 포인트는 '욕구의 해결'입니다. 먹고 싶고, 떠나고 싶고, 사고 싶은데, 그렇게 하지 못하는 현실에 치인 사람들이 타인에게 자신을 투영해 환호하는 것이죠. 이런 방식은 글에서도 적용될 수 있습니다. 예를 들어 A라는 사회 문제에 대해 못마땅하게 생각하고 있었다고 해봅시다. 그 문제를 생각하면 화는 나지만 공개적으로 목소리를 내지 못합니다. 대중의 시선이 부담스럽고 용기가 쉽게 나지 않기 때문입니다. 그때 어떤 작가가 자신의 생각과 비슷한 관점으로 항의한다면 어떨까요? 그 내용을 접할 때 기분이 통쾌합니다. 그리고 그 작가를 지지하고 작가의 다른 글을 계속 호기심 어리게 지켜볼지도 모릅니다.

　내가 하고 싶어도 하지 못했던 말을 누군가 대신 통쾌하게 해 준다면 그 자체가 독자에게는 답이 되는 순간입니다. 이런 유형의 글과 비슷한 형태가 대자보일 것입니다. 사회 문제에 비판 의식을 갖고 자신의 소견을 잘 표현할 수 있다면 대리만족 콘텐츠를 만들어 볼 수 있을 것입니다.

살펴본 내용처럼 답이 되는 메시지를 만드는 일은 고민의 해방에서 나옵니다. 목적지 없이 떠난 여행에서 A, B, C의 갈림길을 만났다고 해봅시다. 어떤 길을 선택해야 할지 고민이 되는 순간입니다. 이때 먼저 그 길을 지난 사람의 이야기를 들으면 도움이 됩니다. 그 사람을 따라가는 쪽을 택하거나, 다른 길을 선택하게 되거나 말이죠. 타인으로부터 선택을 강요받는 것은 길게 보았을 때 큰 도움이 되지 않습니다. 누구도 타인의 인생에 대해 명확한 답을 제시할 수는 없습니다. 마찬가지로 작가는 책의 독자의 고민에 정답을 줄 수는 없습니다. 결국 그 인생을 살아가는 본인의 선택과 결정에 좌우되니까요. 그러나 경청과 공감으로 관계 안에서 일어난 긍정적인 파동은 큰 영향을 미칩니다. 작가의 이야기를 통해서 독자는 답이 되는 메시지를 발견하고 그 속에서 방향을 찾게 할 수 있습니다.

★★☆

구매 심리에 따른
3가지 독자 유형

책 분야에 따라 독자가 책을 읽는 목적이 달라집니다. 실용, 인문, 문학 이 세 가지 분야를 한번 비교해 봅시다. 실용 분야는 독자에게 필요한 정보를 효과적으로 전달해야 합니다. 인문 분야는 독자가 알고 싶어 하는 새로운 지식을 알차게 전달해야 합니다. 문학 분야는 독자가 느끼고 싶은 문학적 감성을 잘 표출해야 합니다. 해당 분야 안에서 책들은 각각 다양한 주제들이 있지만, 기본적으로 위 내용은 공통적인 필요 목적으로 들어갑니다. 그렇다면 목적을 콘셉트와 연결해 반문해 봅시다.

실용 분야가 내용의 신뢰성이 부족하게 느껴지는 콘셉트

가 괜찮을까요? 인문 분야가 내용의 전문성이 부족하게 느껴지는 콘셉트가 괜찮을까요? 문학 분야가 내용의 문학성이 부족하게 느껴지는 콘셉트가 괜찮을까요? 이렇듯 기본적인 목적에 따라 보편적으로 지녀야 할 성격이 존재합니다. 책은 읽는 사람에게 판매되는 상품이므로 해당 독자가 원하는 기대치를 어느 정도 만족시켜 줘야 합니다. 분야마다 책을 구입하는 동기가 조금씩 다릅니다. 어떤 차이가 있는지 먼저 개요적으로 이해한 뒤 나만의 독자 A를 계속 찾아가야 합니다.

책의 구매 목적을 크게 3가지로 구분하고, 그 구분한 영역에 따라 독자를 '필요형', '지식형', '감성형'으로 정리해 보았습니다. 각 독자에 알맞은 분야와 책의 특징을 이해해 봅시다. 내가 쓰는 주제의 에세이는 과연 어느 독자 특성에 가까운지 대표 분야를 참고하여 파악합니다. 그다음 책의 콘셉트를 설정합니다.

필요형 : "나는 이 책이 지금 필요해!"

(공부, 교재, 실용, 가이드 등)

지식형 : "관심있던 주제와 내용, 천천히 읽어봐야 겠다!"

(흥미있던 분야)

감성형 : "이 책은 소장 가치가 높아!"

(문학이나 예술 책 등)

필요형 독자

필요형 독자 유형은 명확한 이유로 책을 구매합니다. 지금 당장 책을 공부하거나, 해당 내용이 필요한 경우죠. 주로 실용도서처럼 특정 정보를 담은 분야가 여기에 속합니다. 이 독자층은 책을 구입하는 목적이 분명한 만큼, 해당 내용에 독자의 니즈가 무엇인지 정확히 파악하고 집필할 수 있도록 노력해야 합니다. 이를 위해서 독자층의 특징에 따라 조사가 세부적으로 이루어져야 합니다. 단순히 탐색만으로 정보를 얻기 부족하다면 인터뷰나 설문조사를 통해 독자가 필요로 하는 내용이 무엇인지 알아볼 수도 있습니다.

지식형 독자

이 독자 특성은 지식 발전을 위해서 가치 있는 책을 찾아 읽습니다. 현재 꼭 필요해서 읽는다기 보다는, 지속적인 지적 문화생활을 추구하기 위함입니다. 자기계발을 위한 구매 욕구에 해당합니다. 인문학, 경제서, 학술서 등이 주로 속해 있지만 그 외에 어느 분야라도 해당될 수 있습니다. 지식형 독자층의 경우 책을 구매하는 동기는 개인적인 취향과 책의 콘텐츠에 따라 크게 좌우됩니다. 특정 책을 꼭 구매해야 하는 이유가 있던 것이 아니기 때문에 서점을 둘러보다가 좋아 보이는 책을 눈여겨보기도 합니다. 필요형 독자와 지식형 독자는 동전의 양면 같은 구조인 것

필요형 에세이 예시

무례한 사람에게 웃으며 대처하는 법 / 정문정

제목에서부터 느껴지는 통쾌함이 이 책의 필요를 적극 드러내고 있습니다. 누구나 한번쯤 공감할 주제와 저자가 풀어내는 대처 방안이 독자의 마음을 사로잡은 책입니다. 딱딱한 자기계발서가 아니라 편안하게 읽을 수 있는 글로 풀어낸 것도 큰 장점입니다.

오늘은 이만 좀 쉴게요 / 손힘찬(오가타 마리토)

인간관계와 자존감, 사랑, 인생에 관해 누구나 한 번쯤 고민해봤을 문제를 정면 돌파할 수 있는 실질적인 조언을 건네는 책입니다. 내면의 혼란 속에서 진짜 자신의 목소리에 귀 기울일 수 있는 구체적인 방안을 말하며 독자의 '필요'를 사로 잡습니다.

지식형 에세이 예시

우리, 이토록 작은 존재들을 위하여 / 샤샤 세이건

천문학자 칼 세이건과 과학 저술가이자 TV쇼 제작자 앤 드루얀의 딸 샤샤 세이건이 쓴 첫 책입니다. 칼 세이건은 인문 과학책 「코스모스」로 유명한 저자입니다. 독자는 이 책을 통해 깊은 '지성'을 얻기를 기대합니다.

빅터 프랭클의 죽음의 수용소에서 / 빅터 프랭클

빅터 프랭클이 나치 수용소에서 겪은 경험을 바탕으로 인간이 어떻게 고난을 극복하고 삶을 살아가야 하는지 방향을 제시하며, '인간다움이란 무엇인가, 삶의 의미란 무엇인가'에 대해 심리학적으로 접근하며 읽는 이에게 깊은 감동을 느끼게 합니다.

이죠. 지적 문화생활 도모하기 위해 필요로 구입한 독서가 될 수도 있고, 현재 꼭 필요하지 않아도 읽어두면 언젠가 도움이 될 것으로 생각하는 잠재적 필요성을 지닐 수 있기 때문입니다. 일단 이 지식형 독자층을 공략하기 위해서는 책의 내용이 얼마나 유익하고 필요하게 느껴지게 할 것인지가 중요합니다.

감성형 독자

소설, 에세이 등 주로 문학 분야의 책입니다. 보통 우리가 소설이나 에세이를 읽을 때는 특정 지식을 얻기 위함보다 '문학의 감성적인 풍미를 느끼고 싶을 때, 여가 시간에 책을 통해 유희를 느끼고 싶을 때'의 이유가 더 크죠. 또 문학을 통해 무한한 상상력을 높이기 위한 목적도 포함될 수 있습니다. 감성형 독자도 지식형 독자처럼 해당 독서를 구입해야 하는 이유가 꼭 있는 것은 아닙니다. 독자들은 개인의 취향에 따라 구매하거나, 작가의 유명세에 큰 영향을 받습니다. 문학 분야의 독자를 설정하기란 어렵습니다. 특히 소설은 더욱 그렇습니다. 그나마 에세이는 주제에 따라 독자의 특성을 나눠 홍보할 수 있지만, 소설은 작가가 만든 이야기를 들려줄 뿐이기 때문입니다.

그래서 1인 출판이면서 신진 작가의 소설로 성공하기란 매우 어렵다고들 합니다. 감성형 독자를 사로잡기 위해 책의 매력을 파악하고 '어떻게 독자를 사로잡을 것인가'를 중요하게 생

감성형 에세이 예시

나의 봄날인 너에게 / 정혜영

이 책은 인생의 꽃샘추위에 지지 않는 햇살 같은 위로를 담고 있습니다. 숱한 시련과 좌절 속에서도 자존감을 단단히 쌓아올린 여수언니는, 이제 이전의 자신과 같은 사람들에게 스스로를 사랑하며 한 발짝만 더 내딛어 볼 것을 권합니다.

소년, 잘 지내 / 박경환

스무 살이 되면서 시작된 제주도에서의 홀로서기, 결과를 내야 한다는 압박감으로 작곡에만 몰두했던 시절 등 저자가 들려주는 이야기는 짧게는 몇 년 전, 길게는 거의 20년이 다 된 기억인데도 마치 엊그제 일처럼 무척이나 생생하게 쓰여있습니다.

나의 모든 밤은 너에게로 흐른다 / 제딧

인기 일러스트레이터 작가의 그림 에세이 책입니다. 책은 사랑에 빠지는 그 섬세한 순간을 글과 그림으로 따뜻하고 아름답게 풀어냈습니다. 무엇보다도 포근한 그림이 이 책의 큰 매력입니다. 멋진 그림만으로 독자는 충분히 소장가치를 느낍니다.

곰돌이 푸, 행복한 일은 매일 있어 / 곰돌이 푸 원작

이 책은 어린 시절 추억을 상기시키며, 따뜻한 동심안에서 다시 인생을 돌아보게 해줍니다. 내용은 짧고 가벼운 메세지가 주를 이룹니다. 만화 대사를 인용하는 문장들이 대부분입니다. 글과 함께 보는 만화 장면은 독자의 '감성'을 더 크게 자극합니다.

각해야 합니다. 제목, 표지, 설명글, 편집디자인 등 책을 집어 올리고 살펴볼 수 있는 시각적인 이미지로 경쟁력을 가져가야 합니다. 그다음으로 독자의 성격을 더 상세하게 분석하기 위해 '타깃 메이킹'을 합니다. 타깃 메이킹이란 내 책의 독자를 상상하며 그 인물의 상황과 특징을 구체적으로 파악하여 정리해 보는 것입니다. 이를 통해 더욱 독자 입장에서 생각해 볼 수 있습니다.

★★★

작가의 호감표시로 책은 판매된다

일반적으로 책을 구매하는 이유는 나를 위해서입니다. 나의 필요에 의해 읽기 위함입니다. 그런데 타인을 위해 구매하는 방향이 있다는 것도 아시나요? 바로 이런 목적입니다.

'지인이 책을 내서 구매했다.'

'어떤 작가를 알게 되어, 그 작가의 책을 구매했다.'

'관심이 생긴 작가의 북토크에 참여하기 위해 구매했다.'

주변에 작가 지인이 있다면 더 많이 공감되실 것입니다. 친한 사람이 책을 냈다는 소식을 접하면 한 권 정도는 구매하면서 응원과 격려를 하게 됩니다. 또 친하지 않아도 그 사람에게 호감이나 관심을 표현하고 싶을 때 책을 구매할 수 있습니다.

언젠가 북페어를 참여했을 때의 일입니다. 한적한 시간대에는 다른 부스의 책을 구경하러 다녔습니다. 그러면서 작가님과 인사를 하고 이야기를 나눴습니다. 페어에 참여한 공통분모가 있다 보니 대화의 주된 주제는 책입니다. 서로가 어떤 책을 만들었는지 소개하며 알아갑니다. 그렇게 안면을 트게 된 작가님의 이야기를 듣고 나면 자연스럽게 지갑이 열립니다. 짧은 시간 동안 나누었던 대화의 아쉬움을 작가의 책을 통해 이어가 보고 싶은 마음입니다. 책을 읽으면 그 작가의 인생을 더 자세히 엿볼 수 있을 테니까요. 또 책을 읽고 싶은 목적 외에도 격려의 차원에서 구입하기도 했습니다. 작가의 도전을 계속해서 응원한다는 호감 표시입니다. 책을 구매하면 상호 간의 친밀감이 향상됩니다. 작가의 입장에서는 고맙고, 구매자의 입장에서는 소비 책임감 생기기 때문입니다. '돈을 지불한 만큼 내가 호감을 표한 작가다'라는 마음이죠.

책은 작가에게 있어서 오랜 시간 정성을 쏟은 작품입니다. 아는 사람의 책을 구매하는 일은 그 노력을 인정하고 응원하는 의미가 전달됩니다. 이런 점에서도 에세이는 작가와 독자의 관계성이 내포된다고 볼 수 있습니다. 경제나 인문처럼 분야처럼 주제가 명확한 책은 작가와 인연이 생겨도 흥미가 없는 내용이라면 구매까지 이어지지 않는 경우가 많습니다. 그러나 에세이는 작가의 이야기를 접하는 책입니다. 그래서 다른 책에 비해 수월하게 '당신의 인생을 응원합니다'라는 호감 표시가 일어날 수 있어 보입니다.

소통의 중요성

'타인을 위한 구매' 방향을 말씀드린 이유는 작가에게 필요한 자세를 말하기 위함입니다. 블로그나 인스타그램을 잘하지 않아서 인지도가 없고, 영향력 있는 그룹에 속해 있지도 않고, 경력이나 전문성을 발판으로 쓴 원고도 아니고, 내 글을 팍팍 마케팅해주기로 약속된 출판사가 없는 상태에서, 책이 나온다면 어떨까요? 아무도 나를 모르는데, 알아서 잘 팔리기란 어렵습니다. 제가 봤을 때 성공하는 작가(꾸준히 출발 생활을 이어가시는 분)는 독자와 소통을 게을리하지 않는 사람이었습니다. 인스타그램에서만 봐도 팔로워 수가 많은 사람이 책을 냈을 때 잘됩니다. 반대로 접근하면 작가로서 잘 살아가기 위해 팔로워를 모으기 위해 부단히 노력했던 것이죠. 그래서 맨땅의 헤딩으로 시작하는 작가는 두 발로 뛰어야 합니다. 소통의 중요성을 가슴에 새겨야 합니다. 자신의 글을 알아봐 주는 팬을 모으기 위해 소셜 활동을 해야 합니다. 독자와 직접 만날 수 있는 페어나 북토크를 찾아다녀야 합니다. 그렇게 차츰 자신의 입지를 마련해야 합니다.

전략적인 에세이를 쓰고 출간하는 일은 작가의 활동까지 포함된다고 말하고 싶습니다. 좋은 내용을 쓰고 완성하는 일에만 그치면 안 됩니다. 물론 여러 가지 상황이 잘 맞아 떨어져 별다른 노력을 하지 않았음에도 유명해지고 성공하는 경우도 있습니다. 그런 일이 찾아온다면 참으로 기쁘고 감사할 것입니다. 그러나 절박하게, 열심히, 직접 뛰어본 경험이 있어야 성공은 일회성으로 그치지 않습니다. 달콤한 행운에 잠식당하지 않고 계속해서 자신의 실력을 발전해 나갈 수 있기 때문입니다. 준비가 되지 않은 상태에서 얻은 기회는 자칫하면 불행의 씨앗이 될 수도 있습니다.

어차피 내가 출간하는 책의 성공을 누구도 장담하거나 예상하지 못합니다. 그러니 내가 할 수 있는 노력에만 집중하기도 벅찹니다. 작가는 여유로운 직업이 아닙니다. 오히려 살기 위해 발버둥 쳐야 하는 일이니까요. 바로 이어서 스테디셀러 책의 특징에 대해 전합니다. 여기에도 독자와 팬의 중요성에 대해 언급합니다. 계속해서 작가로 잘 성장하기 위해 필요한 소통의 면모를 생각해 보실 수 있을 것입니다.

★☆☆

독자와 소통을 잘하는 작가의 가능성

　　베스트셀러와 스테디셀러에 꾸준히 자리를 지키는 도서를 관찰한 결과 〈상담, 코칭〉 형식의 책이 많았습니다. 이러한 책의 가장 큰 특징은 독자에게 직접적으로 필요한 메시지를 전달하는 내용입니다. 출판 시장은 축소되고 영상 매체의 발달로 책을 즐겨 보는 사람들은 점점 줄어들고 있습니다. 자신이 원하는 정보를 빠르고 효율적으로 찾는 시대입니다. 이에 따라 책을 찾는 이유 역시 필요한 내용을 얻기 위한 목적이 대다수입니다. 내용이 좋아도 독자의 눈에 띄지 않으면 영향력이 없습니다. 책이 계속 팔리기 위해서는 작가의 개인 브랜딩이 중요합니다.

스테디셀러가 되는 책을 쓰고 싶다면 다음 3가지 조건이 필요하다고 생각합니다. 이 내용을 읽으면서 발전해 나가야 하는 영역이 어딘지 살펴봅시다.

저자

저자는 이미 자신의 분야에서 전문성을 갖추고 있는 경우가 많습니다. 전문성은 독자에게 신뢰를 제공합니다. 신뢰는 그 저자의 책을 기꺼이 구매하고 싶도록 만들어 줍니다. 에세이 작가의 전문성은 꼭 직업적 경력을 갖춰야 하는 것을 의미하지는 않습니다. 특정 분야의 내공을 얻기 위해 쌓아온 저자의 노력(시간 ×공부 ×활동)에 따라 얻어진 값이 성과를 나타낼 때 전문성을 갖춰 나갈 수 있습니다. 그 접점은 작가의 선택과 집중으로 만들어집니다. 오로지 자신의 글로만 인기를 얻었다면 최소한 집필 능력의 전문성을 갖출 때 가능하듯 말입니다.

팬덤

팬덤의 중요성은 말로 다 할 수 없습니다. 내 팬층을 형성해 나갈 수 있다면, 스테디셀러 궤도로 빠르게 진입할 것입니다. 그러나 팬덤을 형성하는 일이 쉽지 않다는 것이 문제입니다. 팬덤은 브랜딩에서도 중요한 역할을 합니다. 브랜드를 키우고 싶다면, 그 브랜드에 충성할 수 있는 커뮤니티를 만들고 확장해 나가는 일이 필요합니다. 대중의 큰 반응을 얻는 작가가 되고 싶다면 작가로서 자신의 브랜드를 만들어 나간다고 생각해야 합니다. 브랜드란 곧 서비스입니다. 내가 만들고 싶은 것을 마음껏 만들어서 '와서 보세요' 하는 것이 아닙니다. 타깃의 문제를 찾아내고 해결하는 방법을 제시하는 것이 서비스입니다. 그러니 인기 작가가 되고 싶다면 독자를 위한 콘텐츠를 생성하고 그 서비스를 누리는 팬층을 확보해 나가야 합니다. 나만의 브랜드에서 제공할 수 있는 콘텐츠의 질과 양이 가치 있을 때, 하나둘 팬이 모이기 시작합니다. 그 양질의 서비스가 꾸준히 이어질 때, 팬층은 점차 불어나게 될 것입니다.

내용
기본적으로 글이 좋아야 합니다. 좋은 내용과 가치 있는 콘텐츠를 만드는 것은 대중의 반응을 얻을 수 있는 시작점이자, 그 반응을 지속시킬 수 있는 끝점입니다. 어쨌든 콘텐츠 자체의 능력이 있어야 팬덤도 확장됩니다. 글이 별로면 여러 가지 홍보를 해도 팬층을 확장하기 어렵습니다. 그러므로 자신이 작가 브랜딩을 하고 싶다면 기본적인 글 실력은 갖춰야 합니다. 여기에 더해 내가 잘 쓸 수 있는 주제와 내용에 집중하는 전략도 필요합니다. 어떤 작가를 생각할 때 대표작이 함께 떠오르게 된다면 작가 브랜딩을 잘해나간 것입니다.

팬을 만드는 노력

이와 같은 3가지 요소를 갖춘 책은 파급력이 높습니다. 그 책은 전문적인 저자가 쓴, 팬층의 수요가 있는, 영향력 있는 콘텐츠로 이루어져 있기 때문입니다. 이러한 조건을 달성하기까지 얼마나 오래 걸릴지 모릅니다. 스테디셀러 에세이를 만드는 일은 쉬운 길이 아닙니다.

책 쓰기 초보자 분들 대다수가 혼자 열심히 쓴 다음 짠하고 선보입니다. 그러나 팬층의 중요성을 아는 작가는 팬을 모으면서 반응을 보며 글을 씁니다. 그 과정에서 독자에게 필요한 메시지를 발견하게 됩니다. 점차 충성도 높은 팬층이 형성되면, 그들은 자신이 좋아하는 작가를 세상에 알리기 위해 같이 노력해 줍니다. 자기가 좋아하는 아이돌 가수를 띄우기 위해 앨범과 굿즈를 사는 팬들처럼 말이죠. 에세이를 많이 읽어보신 분들은 아시겠지만, 책의 주제와 메시지가 비슷한 경우가 많습니다. 물론 세부적인 작가의 이야기와 구성은 모두 다르지만요. 그 결과 작가가 어떤 매력을 지니고 있느냐에 따라 반응이 달라집니다. 작가만의 이야기, 작가가 독자와 노력하는 소통, 작가가 활동하는 생활 모든 것이 팬을 만드는 노력이 됩니다.

어떤 자리든 정상에 오르기 위해서는 혹독한 훈련과 노력의 대가가 필요합니다. 그리고 높은 정상까지 올라가는 시간은 짧은 호흡으로 되지 않습니다. 긴 호흡을 가지고, 내가 가야 할 길을 분명하게 점검하고 한 발짝씩 내딛는 것이 중요합니다. 물론 누군가는 천재적인 재능으로 단숨에 정상을 향해 날아갈 수도 있을 것입니다. 혹은 불어닥친 강풍에 몸이 날려져 운 좋게 산꼭대기에 올라설 수도 있겠지요. 하지만 그런 '만약'이란 변수는 작가의 꿈을 가진 이들이 가져야 할 목표가 아닙니다. 에세이 작가는 자신의 글을 쓰는 사람입니다. 자신과 싸움을 해야 하는 길입니다. 그러니 타인의 성공에 노심초사하거나 비교하기보다, 묵묵히 나의 길을 가는 것이 더 중요합니다. 그러다 행운의 기회가 찾아온다면 여유로운 마음으로 감사할 수 있도록 말이죠.

★★☆

상품을 만드는
콘텐츠와 콘셉트

　　이야기의 소재는 작가의 관심에서, 이야기의 주제는 작가의 마음에서 떠오릅니다. 처음부터 완벽한 기획이 다 갖추어진 구상을 떠올리기란 어렵습니다. 기획이란 날것의 발상에서 시작하여 점진적으로 다듬고 발전해 나가야 합니다.

　　창작의 소재는 기본적으로 내가 관심 있는 분야여야 합니다. 글을 쓰는 사람이 흥미 있어야 작업의 속도가 붙습니다. 또 작가가 잘 다룰 수 있는 내용이어야 합니다. 작가 자신도 잘 모르는 세계를 만들어 갈 수 없습니다. 불현듯 아이디어가 떠오르는 경우가 있습니다. 떠오른 글감은 잊지 않도록 꼭 메모하는 습관을 지닙시다. 반면 쓰고 싶은 주제가 많아서 고민이 있을 수 있습니다. 그런 경우 중심 주제와 서브 주제를 나눠서 정합니다. 서브 주제는 중심 주제를 보완하면서 더 풍성한 이야기가 되도록 설정을 해줍니다. 그렇다고 서브 주제가 많아져서도 안 되겠습니다. 책 쓰기는 생각나는 내용을 모두 적는 것이 아닙니다. 작가는 일관된 기획 아래 내용을 솎아낼 수 있어야 합니다.

에세이는 대중의 정서에 영향을 받는 분야입니다. 앞서 설명했듯 책을 읽는 독자의 '감정과 관계'에 주제가 맞춰지기 때문입니다. 전략적인 기획을 위해 트렌드를 분석하는 것도 도움이 됩니다. 트렌드는 짧게 지나가는 유행의 일부일 수도 있고, 장기적인 시대 변화를 내포할 수도 있습니다. 우리는 대중심리와 문화 동향이 결합한 시대상에 속해 있습니다. 출판할 시기에 보편적인 사람들이 영향받는 사회적 흐름과 관심사의 변화가 무엇인지 파악하며 그에 맞춰 주제를 잡는 것도 도움이 될 것입니다. 주기적으로 서점을 가봅시다. 가장 쉽게 출판 트렌드를 확인하는 방법은 베스트셀러·스테디셀러 매대를 살펴보는 일입니다. 세월이 흘러도 인기 있는 고전 책들이 있긴 하지만, 보통은 출간 후 몇 년간 판매되고 그치는 일이 많습니다. 그러니 출간할 때 대중들의 이목을 끌 수 있는 주제와 콘셉트를 잘 다루면 판매에 도움이 됩니다.

지난 몇 년간 대중들의 인기를 얻었던 에세이의 대표작들을 떠올려 봅시다. 어떻게 변화되어 갔나요? 이러한 동향을 관찰하면서 앞으로 변화될 방향을 예측해 봅니다. 트렌드 전문 도서를 읽으며 공부해 나가는 것도 좋습니다. 다음 질문을 참고하여 내 주제에 영향을 주는 트렌드를 찾아보면 좋습니다.

* 주로 다뤄지는 에세이 주제 분류

관점	분류	내용
감정	사랑	사랑은 어느 시대나 인기있는 주제다. 누구나 사랑을 하며 살아가기 때문에, 사람은 사랑에 관한 끝없는 모험과 배움을 한다.
	위로 공감	독자는 자신이 겪은 상황과 비슷한 경험을 한 저자의 이야기를 통해 한 층 더 지적인 위로와 공감을 받기 원한다.
	상처 치유	궁핍 상태일 때 필요를 채우기 위해 움직이듯이, 내면에 상처나 감정적인 결핍을 감성으로 채움받기 위해 책을 찾는다.
	심리 내면	자존감 역시 사랑과 마찬가지로 끊임없이 이어지는 주제다. 사람은 누구나 자신을 더 알아가는 과정이기 때문이다.
관계	나	자존감/성장과 연결된다. 자신을 돌아보며, 나를 알아가는 과정게 있는 분들은 내면을 탐구하게 해주는 책을 찾는다.
	타인	친구, 이웃, 학교, 회사 등 일반적인 인관 관계안에서 생기는 갈등과 어려움을 풀어내는 이야기들이 많이 등장한다.
	연인	사랑을 풀어내는 대표적인 관계이다. 작가의 숭고한 철학이 담긴 연인간의 사랑의 갈등과 해소 과정은 가장 강력한 글의 주제다.
	가족	가족 관계안에서 어려움을 겪는 사람들이 많아짐에 따라, 심리적으로 접근하여 고통을 해소하고 나아갈 방향을 모색한다.

❶ 기본 탐구

    Q. 현재 사람들은 어떤 책을 좋아하나요?

    Q. 현재 사람들은 어떤 책을 쉽게 잘 읽나요?

    Q. 현재 서점에는 어떤 책들이 많이 나와 있나요?

❷ 주제 트렌드 탐구

    Q. 주제에 영향을 주는 사회적 흐름이나 사건이 있나요?

    Q. 주제에 영향을 주는 가치관의 변화가 있나요?

    Q. 주제에 영향을 주는 사람들의 관심사 변화가 있나요?

❸ 독자 연령대 탐구

    Q. 같은 연령대에서 공감할 수 있는 소재가 있나요?

    Q. 타깃 독자의 보편적인 성향과 가치관은 무엇인가요?

    Q. 타깃 독자 시대에 형성되고 있는 문화가 있나요?

콘텐츠

    작가는 책이라는 콘텐츠를 만드는 일을 이해해야 합니다. 콘텐츠라는 단어가 대중적으로 널리 쓰이게 된 데는 유튜브의 영향이 큽니다. 자신의 영상을 만들어 올리는 분들이 '크리에이터'라는 명칭을 얻게 되었고, 그 영상들을 일컬어 '콘텐츠'라고 불리게 되면서 말이죠. 이 두 단어를 합해서 유튜브 영상 제작에 전념

하는 사람을 '콘텐츠 크리에이터'라고 부르고 있습니다. 자, 내가 자주 보는 영상 콘텐츠를 한번 떠 올려 봅시다. 그리고 그 사람의 유튜브 채널을 생각해 봅니다.

잘 되는 콘텐츠는 영상마다 특징이 분명하게 드러납니다. 시청자는 자신이 원하는 정보나 영상을 쉽고 빠르게 볼 수 있어서 좋습니다. 보통은 그 영상을 보기 전 기대한 흐름과 어긋나지 않습니다. 예를 들어 귀여운 동물의 행동을 관찰하다가 주인의 일상을 소개하는 영상은 거의 없을 것입니다. 동물이 좋아서 영상을 보던 시청자는 갑자기 생뚱맞은 영상이 나오면 당황할 것입니다. 그 영상을 얼른 넘겨 버릴지도 모릅니다. 인기 있는 유튜브 채널을 들어가 보면 업로드된 영상(썸네일)은 대부분 통일된 콘셉트로 묶여 있습니다. 영상의 제목이 나열된 것을 보면 책의 목차처럼 보이기도 합니다.

콘텐츠는 시청의 이유를 일관되게 주도하는 내용이어야 합니다. 해당 콘텐츠에 흥미를 느낀 후 신뢰를 얻은 시청자가 팬이 되는 과정을 위해서 말입니다. 책을 쓰는 작가는 콘텐츠 크리에이터의 역할과 닮았습니다. 콘텐츠가 어떤 모양을 갖고 있고, 어떻게 공유할 것인지 수단과 방법이 다를 뿐이죠. 상업 출판에 도전하는 분은 책을 콘텐츠로 생각하고 접근하길 권합니다. 일관된 콘셉트로 엮은 내용을 통해 독자에게 '왜 구매하고, 읽어야 하는지'의 명확한 이유를 제시하도록 말입니다.

콘셉트

콘텐츠마다 그 개성을 가장 잘 드러내도록 의도하는 기획을 콘셉트라고 합니다. 콘셉트는 대표적으로 보이는 특징과 설정이라고 볼 수 있습니다. 책을 기획할 때 콘셉트를 정하는 일은 중요한 연출입니다. 콘셉트는 〈소재-주제-독자-트렌드〉를 하나의 모양으로 만드는 일이라고 할 수 있습니다. 이는 책제목, 목차, 홍보 문구, 디자인, 형태, 내용 등 책이라는 모든 물성 그 자체로 드러납니다.

책의 성격을 가장 시각적으로 보이게 해주는 부분이 바로 '디자인'입니다. 색, 도형, 그래픽, 레이아웃, 제목 등 본문을 읽기 전에 눈에 보이는 요소들로 독자는 그 책의 분위기를 느끼게 됩니다. 그래서 책의 콘셉트가 편집과 디자인에서 드러나게 해야 합니다. 내용만 주제에 따라 맞추는 것이 아니라, 콘셉트 전체가 하나로 연결돼야 합니다. 직접 디자인하든, 외주를 맡기던, 일관된 분위기와 성격을 지니도록 말입니다.

독자는 한 권의 책을 그냥 구매하지 않습니다. 그 책이 나에게 왜 필요한지를 생각한 후, 가격 대비 소장할 가치가 높다고 판단돼야 구매로 이어집니다. 즉 '이 책의 ~내용이 ~부분에서 ~해서 ~정도로 필요로 하다.'라는 부분이 구매자 스스로 납득이 돼야 합니다.

콘셉트는 궁극적으로 독자에게 그 책이 왜 필요한지 보여

콘셉트 이해하기

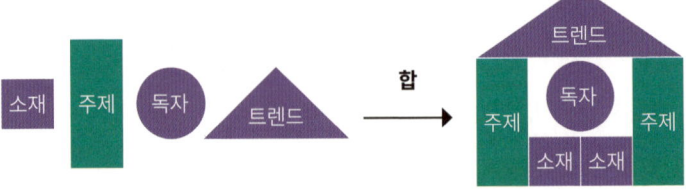

고민 요소

해결 해야 할 소비자의 need	→ 의미있는 장점(매력)을 전달
제품이 need를 만족시키는 이유	→ 부정적인 생각을 제거
제품 형태	→ 뛰어난 제품을 제공
디자인 (미적요소)	→ 성장하고 있는 시장 추세 반영
외적/기능적 요소	→ 타제품에 비해 경쟁우위를 가짐
브랜드	→ 브랜드 이미지 긍정적 구축
가격 및 기타 사항	→ 돈을 지불할만한 가치가 있음

발전 방향

컨셉에 있어 가장 중요한 아이디어를 표현
▶ 소재, 주제, 아이디어, 내용 등 콘텐츠를 돋보이게 하는 글

'그 제품이 나를 위해 무엇을 줄 것인가?'에 대한 대답
▶ 독자가 책을 읽고 '그 책에서 무엇을 얻을 수 있는가?'에 대한 대답

제품의 약속에 대한 신뢰를 주는 부분
▶ 책 제목, 표지에서 얻은 기대감을 내용에서 충족하여 신뢰를 주는 부분

타켓 소비자들이 불만을 느끼는 미충족욕구를 표현
▶ 독자가 원하고, 알고 싶어하는 정보 표현

주는 요인입니다. 1차적으로 마케팅을 위해서이며, 2차적으로 주제의 성격을 강화하기 위함입니다. 콘셉트를 잘 살펴보면 그 안에는 story가 담겨 있습니다. 학습 용어 개념 사전에 보면 콘셉트에 대해 이렇게 정의하고 있습니다. 'concept는 소비자의 충족되지 않은 needs를 특정 제품(서비스 포함)이 해결해 줄 수 있다는 약속과 그 needs를 그 제품이 만족시켜 줄 수 있는 이유. 그리고 그 제품에 대한 소비자의 인식에 영향을 줄 수 있는 모든 요소를 설명 및 묘사해 놓은 것이다.' 이 정의에서 한번 생각해 볼 단어는 '약속', '이유', '모든 요소를 설명 및 묘사'입니다. 콘셉트는 편집자의 약속입니다. 독자가 구매할 이유이며 두 내용을 충족시켜 줄 책으로 드러낼 모든 요소를 통한 설명이 됩니다. 잘 정리된 콘셉트는 마케팅으로 이어져 효과적인 홍보 전략이 됩니다.

★★☆

고민보다 행동,
집중력과 지속력

　　　초보 작가일수록 첫 문장을 적기가 쉽지 않습니다. '이렇게 시작하면 될까? 더 좋은 여는 문장 없나?' 등 머릿속에서 많은 생각이 스치곤 합니다. 고민은 필요하지만, 고민에서 맴돈다면 앞으로 나갈 수 없습니다. 가능한 부담을 내려놓고 편안한 마음으로 시작합니다. 처음 쓰는 글이 완성작이라고 생각하지 않아야 부담을 줄일 수 있습니다. 초고는 머릿속에 떠돌았던 생각을 글로 정리하는 단계입니다. 그다음 퇴고 과정을 통해 글은 다듬어져 완성됩니다. 물론 처음부터 완성형에 가까운 문장을 쓸 수 있다면 퇴고 과정이 수월합니다. 그런 작업은 초보자에게는 쉽지 않습니다. 문장 하나하나 너무 골똘히 생각하며 진도를 나가지 못하면 어느순간 지쳐서 포기하게 될지도 모릅니다. 이로써 자신감은 떨어지고 창작을 중단하는 일들도 많습니다.

가능하다면 초고를 일단 빠르게 완성하는 것이 좋습니다. 머릿속에 있는 구상을 글로 옮길 때는 늘 간극이 있기 마련입니다. 그 간극을 글을 쓰면서 좁혀 나가야 합니다. 윌리엄 진서는 글 수정의 중요성을 다음과 같이 표현했습니다. "글쓰기가 단번에 완성되는 '생산품'이 아니라 점점 발전해 가는 '과정'이라는 것을 이해하기 전까지는 글을 잘 쓸 수 없다." 글이 한번 완성돼야 작가는 성취감을 얻고, 그 성취감을 원동력 삼아 다시 퇴고에 힘을 쏟을 수 있습니다.

집중력과 지속력

단호하게 마음먹고 책상 앞에 앉았는데 글이 안 써진다고 너무 좌절할 필요는 없습니다. 한두 번 시도해 보고 이른 포기를 할 필요도 없습니다. 글쓰기는 트레이닝으로 그 역량을 끌어올릴 수 있습니다. 엉덩이를 붙이고 버티는 사람이 창작을 완성해 낼 수 있습니다. 작가가 되기 위해서 몇 가지 자질이 있어야 합니다. 우선 문학적 재능이 있어야 합니다. 재능은 글쓰기가 재밌고, 성취감 있는 활동으로 만들어 줍니다. 집필 스트레스를 줄이면서 긍정적인 자기 확신을 마련할 수 있습니다. 그러나 재능만 있다고 좋은 작가가 되지는 않습니다. 재능에 더해 노력이 필요합니다. 이 부분을 무라카미 하루키는 그의 책 〈달리기를 말할 때 내가 하고 싶은 이야기〉에서 '집중력과 지속력'의 중요성으로 얘기했습니다. 자신이 지닌 한정된 에너지를 집중해서 쏟아낼 수 있는 능력이 있어야 하고, 그 자질을 꾸준히 향상해 나가야 한다는 점입니다. 글쓰기가 나에게 필요한 일이라는 것을 신체 시스템에 입력해야 합니다. 그리고 그 한계를 조금씩 끌어올리는 것이죠. 작가는 집중력과 지속력이 필요하고, 이 역량은 훈련을 통해 향상할 수 있다고 합니다. 이 메시지가 열정에 비해 글쓰기가 잘 풀리지 않는 사람에게 큰 위로가 될 것입니다. 매일 글쓰기 근육을 키우며 한계치를 넘기다 보면 어느새 원하던 목표치에 도달할 수 있는 근육을 얻을 수 있습니다. 그러니 규칙적으로 글쓰기 시간을 확보해 봅시다. 하루 중 방해받지 않는 시간을 찾아서 에너지를 집중합니다. 그리고 꾸준히 글쓰기에 노력을 기울여 봅시다.

 글을 쓸 때 마음이 정돈된 상태가 좋습니다. 어지럽혀진 내면은 집필을 가능하게 하는 에너지를 모으기 어렵기 때문입니다. 마음 정돈을 위해 글을 쓰기 전 나만의 도입 의식을 만들어 보는 것도 도움이 됩니다. 운동을 하기 전 준비 동작처럼 말이죠. 요가에서는 호흡을 가다듬으면서 정신을 집중시키는 일부터 합니다. 글쓰기도 호흡을 가다듬고 정신을 집중해 봅시다. 이를 위해 집필하기 전 기도를 드린다거나, 촛불을 켠다거나, 조명을 바꾼다거나, 등 일종의 스위치를 만드는 것입니다. '이제 시작한다'고 나에게 사인을 주는 행위입니다. 저는 시작 전 짧게 기도하는 편입니다. 집중이 너무 안 될 때는 향초를 켜기도 합니다. 심리적인 안정을 주는 향이 전해지면서 흔들리는 불꽃이 잡념을 없애는 데 도움을 주기 때문입니다. 이처럼 집중력을 높이는 나만의 스위치를 만들어 보면 좋을 것입니다.

계획 세우기

본격적인 책 쓰기에 돌입하기 위해서 계획을 세워봅시다. 틀을 마련하는 기획을 잡고, 필요한 자료 조사를 합니다. 원고는 어느 정도 기간을 두고 쓸 것인지 예상합니다. 집필 기간은 대부분 내가 처음 정한 기간보다 길어지는 경우가 많습니다. 그 점을 염두에 두더라도 완성을 목표한 시점을 정해야 추진력이 생깁니다. 초안을 빠르게 완성했다고 작업은 다 끝나지 않습니다. 이후 퇴고 시간이 찾아옵니다. 마무리 작업까지 집중력을 잃지 않도록 노력해야 합니다.

다음장의 표를 보고 각 단계에서 필요한 계획을 세우고 다짐해 봅시다. 집중과 지속을 잃지 않고 꾸준히 글쓰기 근육을 향상해 나가면 어느새 높은 성취감을 얻게 될 것입니다.

1 단계	에세이 구상·기획
작업	어떤 에세이를 쓸지 머릿속에 떠오르는 아이디어를 구체화하기
내용	아이디어를 다양한 관점에서 살펴보고 정리하기
공부	- 다양한 에세이 읽기 or 찾아보기 - 현재 대중들이 반응하는 주제나 트렌드 알아보기 - 마음에 드는 에세이 or 좋은 문장 필사하기

2 단계	자료 조사
작업	에세이 주제에 따라 필요한 내용 조사하기
내용	내용의 깊이를 더하기 위해서는 배경 사건이나 인물 심리 등을 조사하고 공부하기
공부	- 다양한 에세이 읽기 or 찾아보기 - 집필하고자 하는 내용에서 사회문제·사건·시대 배경 등이 등장하는 이야기는 자료 조사 - 집필하고자 하는 내용에서 인물의 심층적인 내면을 풀어내고자 하는 부분 조사

3 단계	원고 쓰기
작업	정리된 내용을 바탕으로 빠르게 초고 집필하기
내용	장기간 걸리는 작업만큼 오랫동안 끈기 있게 창작에 집중하기
공부	- 원고 집필 전 글쓰기 완련 작법서를 많이 읽고 공부하기 - 에세이에 대한 개념과 특징 이해하고 글쓰기
목표	년 / 월 / 일 ~ 년 / 월 / 일

4 단계	퇴고 및 마무리
작업	1차 완성 이후 최종 마무리까지 집중력을 잃지 말기
내용	초고를 탈고하기 까지 조급하지 않게 작업을 마무리 해 나가기
공부	- 교정·교열·윤문 등 문장과 글을 다듬는 방법 공부하기 - 잠시 쉼을 갖고 머리 식히기, 다른 에세이 책 읽어보기 - 반복적인 퇴고에 정성 들여 좋은 문장으로 다듬어질 수 있게 노력하기

공부 방법 1 - 분석

에세이를 읽고, 마음에 드는 좋은 책들을 선정하여 분석해 봅니다.

> **책 선정 : 선정한 책을 고른 이유를 생각하며 아래 질문의 답을 해봅시다.**
> - 이 책이 좋은(인기있는) 이유는 무엇일까?
> - 이 책이 안 좋은(인기없는) 이유는 무엇일까?
> - 이 책의 주제안에서 던지고 핵심 질문(메시지)를 찾아봅시다.
> - 이 책의 장, 단점과 함께 종합 감상평을 남겨봅시다.

① 책 분석
책 그 자체로 어떤 매력이 있는지 발견하고 생각해보는 방향입니다.

② 구성 분석
기획, 쓰기, 연출 등 그림책 자체에서 가장 중요한 분석입니다.

③ 글 분석
내용의 '흐름과 맥락'에 초점을 두고 문장을 분석합니다.

공부 방법 2 - 필사

많은 책들에서 글쓰기 실력 향상을 위해 필사를 권장합니다. 필사로 작문 공부를 할 수 있고, 좋은 문체를 습득할 수 있기 때문입니다. 에세이 쓰기에서도 필사는 중요합니다. 저는 손글씨 필사보다는 텍스트로 글을 쓰고 문서 형태로 저장하는 걸 선호합니다. 나만의 문장 노트를 만드는 데 용이하며, 깔끔하게 문서를 정리할 수 있기 때문입니다. 또 발췌문이 필요할 때 문장을 쉽게 찾을 수 있습니다. 필사할 때 얼마나 집중하여 문장과 단락을 깊게 관찰하느냐가 중요합니다. 손글씨냐 텍스트냐는 필사의 수단일 뿐입니다. 글 필사 외에도 그림을 따라 그려보는 공부도 있습니다. 스케치나 채색을 똑같이 베끼기 위한 작업이 아닙니다. 해당 이야기를 풀기 위해 작가는 어떤 구조와 장면을 고민했는지 관찰하며 그 작업을 한번 따라 하면서 표현 방식을 배우는 목적입니다.

글쓰기 방법과 실습

4장

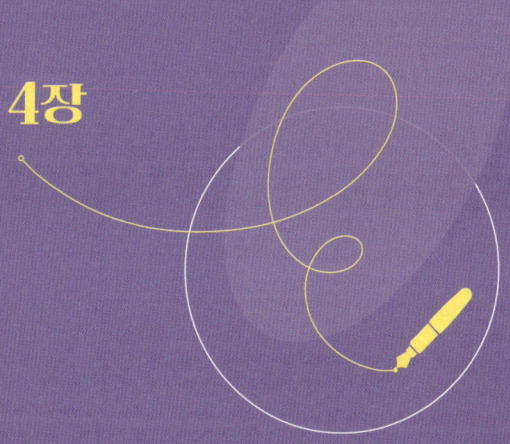

★★☆
짜임새 있는 구성
문단과 문장

　　좋은 에세이는 글을 읽다 보면 자연스럽게 고개가 끄덕여지게 됩니다. 또는 짧은 감탄사가 마음속에서 울려 퍼지기도 합니다. 문학적 감성을 가지며 논리적으로 잘 짜인 글 구조에 독자들은 매료됩니다. 문장 단락마다 연결되는 글의 논리는 주제를 전하기 알맞은 맥락을 마련합니다. 그렇게 잘 구성된 내용은 한 편의 에세이 서사를 만들어 냅니다. 구조 안에 작가의 철학적 메시지가 일정한 흐름을 갖고 전달됩니다. 작가는 자신의 철학을 논리적으로 연결할 줄 알아야 합니다. 글이 논리적이란 말은 문장 배열을 통해 내용에 설득력이 있다는 뜻입니다. 에세이는 주제 메시지를 'A이기 때문에, B입니다' 같이 인과 관계를 직접적으로 드러내는 편은 적습니다. 비유, 은유, 암시 등 다양한 표현을 통해 부드럽게 전달합니다.

적용 Point

문단을 통해 인과 관계 넣기

책에서 하나의 꼭지를 풀어내는 글의 평균 분량을 4~6페이지라고 해봅시다. 처음부터 모든 내용을 단번에 구상하기란 어렵습니다. 생각나는 대로 글을 쓰며 분량을 늘릴 수 있지만, 논리적인 설득력이 떨어질 수 있습니다. 적지 않은 분량의 글에 인과 관계는 구성을 생각하며 차곡차곡 쌓아나가야 합니다. 이를 위해 먼저 그 내용의 서론과 결론을 머릿속으로 잡습니다. 출발점과 도착점을 설정하여 방향을 만드는 일입니다. 그다음 결론까지 문장 간의 연결을 만들어야 합니다. 문장의 연결은 흐름을 만듭니다. 논리적인 연결을 만들기 위해서 글을 쓸 때는 앞, 뒤 문장 간의 관계를 염두해야 합니다. 지금 쓰고 있는 문장 다음에 어떤 내용이 올지 동시에 구상하면서 말이죠.

관점과 가치관은 일관되게

에세이는 내용의 분위기에 따라 주제가 직접 드러나기도, 살짝 가려지기도 합니다. 어떻게 풀어내든 간에 작가가 주제를 논하는 관점과 가치관은 일관돼야 합니다. 당연한 얘기 아닌가 싶지만, 막상 장기간 긴 글을 쓰다 보면 자신도 모르게 방향이 흔들릴 수도 있습니다. 때문에 처음에 기획을 명확하게 정리해야 하는 이유입니다. 책의 처음과 끝이 일관될 수 있도록, 관점과 가치관의 중심을 잘 잡고 글을 써 나갑니다.

글을 쓸 때 사고의 흐름

왼쪽의 그림은 한 편의 꼭지로 작성되는 글의 구성을 도식화해 본 것입니다. 에세이로 따지면 목차 중 하나의 제목에 해당합니다. 분량은 평균 대략 4~6 페이지로 채워지는 글의 양입니다. 문단 paragraph은 소 주제 하나를 풀어내는데 전개되는 한 부분입니다. 이러한 문단 구성이 〈paragraph-1.2.3…〉 식으로 이어집니다.

인과관계를 생각하며 글을 쓰려는 노력은 자연스럽게 연결됩니다. content → paragraph → text 방향으로 잘 짜인 구성을 만들면서 글을 써봅시다.

① 무엇을 말하고 싶은지 하나의 주제를 머릿속에서 정리합니다.
② 어떻게 여는 글을 시작할지, (도입 내용)을 구상합니다.
③ 이 글에서 담겨야 할 포인트(예시, 비유, 설명·표현 방법)를 구상합니다.

④ 문장과 문단의 연결이 어색하지 않도록 신경 씁니다.

⑤ 문단의 흐름은 결과적으로 소 주제의 결론이 자연스럽게 드러나게 합니다.

⑥ 적절한 끝 맺음을 고민하며 한 편의 글을 마무리 합니다.

★★☆

긴장감을 끌어내는 문단 구조

앞서 글과 문단이 이루고 있는 관계를 설명했습니다. 이번에는 그 문단을 구성하는 글의 특징에 대해 알아봅시다. 다르게 표현하면 문장 구조입니다. 하나의 주제를 효과적으로 전하기 위해, 알맞은 구조들을 선택하며 글을 적으면 좋습니다. 가장 흔하게 쓰이는 여섯 가지 글의 구조를 「탄탄한 문장력」 책에서는 다음과 같이 전하고 있습니다. 〈인과 구조/비교 구조/순차 구조/인과 구조/분류 구조/가치 판단 구조〉 이 내용은 시험공부처럼 외워서 적용하는 것이 아닙니다. 각 구조의 특징을 이해하면 글을 쓸 때 자연스럽게 나올 수 있습니다.

인과 구조	
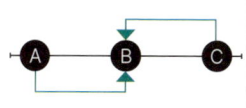	내용이 원인과 결론 형식으로 전달됩니다. 본론을 설명하기 위해 그 이유를 먼저 제시하거나, 결론부터 말하고 뒤이어 보충하는 방식이 있습니다. 가장 흔하게 사용되는 글의 구조입니다.

비교 구조	
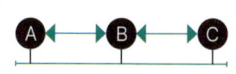	다른 내용과 비교를 통해 본론의 주제를 부각합니다. 비교 사건을 동일선상에 두거나, 우열을 가려 본론의 중요성을 독자들에게 효과적으로 전달합니다.

순차 구조	
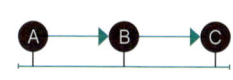	사건이나 내용이 작가가 의도한 순서대로 설명됩니다. 시간에 따라갈 수도 있고, 특정 규칙에 따라 나열될 수도 있습니다. 중요한 점은 설명되는 각 항목들이 동등한 분량을 가져야 합니다.

분류 구조	
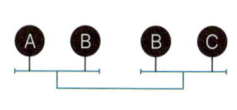	전체의 내용 안에서 작가가 설정한 주제별로 항목을 나누는 것을 분류라고 합니다. 분류된 내용들은 공통의 특성을 지닙니다. 분류되는 기준에는 규칙이 있습니다.

가치 판단 구조	
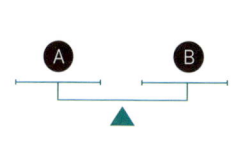	가치 판단은 비교 방식과 유사하지만, 좀 더 사실 여부나 의미를 판단하는데 목적이 있습니다. 두 내용을 비교하는 이유가 한쪽에 결론에 옳은 힘을 실어주기 위함입니다.

| 글을 만드는 예문 훈련 |

"문단을 더 맛깔나게 읽히게 하는 방법이 있나요?"

문장 간의 강·약을 주면 흐름에 탄력이 생깁니다.
앞서 글의 구조를 생각하면서 문장 간의 강·약을 적절하게 넣어봅시다.

※ 장문을 쓴다면 하나의 어구에 하나의 의미 넣기

강약 조절

예문)
당신을 향한 그리움이 한낱 꿈처럼 사라져 버리는 계절이 될지,
돌고 돌아 그 계절에 피어나는 꽃이 될지,
어쩜 이리도 짧았던 시간이 남긴 그 섬세한 순간은
내 머릿속 낡은 테이프가 되어 매 순간 느리게 흘러가고
그날의 수줍은 웃음 하나
그날의 따스한 눈길 하나
떨려오던 작은 호흡 하나조차 지우지 못한 채
조금씩 빛바래지는 과거 속에 남아 있습니다.

우리의 인연이 그저 그렇게 스쳐 지나가는
바람 같은 것이 아니길.

예문에서 행간 나눔 전까지는 길게 이어진 하나의 문장입니다. 초보 작가는 단문 쓰기를 먼저 하라고 해서 장문을 쓰면 안 되는 것은 아닙니다. 내용과 흐름에 따라 장문을 쓰면 긴 여운을 전할 수 있습니다. 하지만 장문 쓰기는 더 섬세하게 글을 살펴봐야 합니다. 무엇보다도 장문은 한 어구에 하나의 이미지가 연상되게 합니다. 그 개별적인 이미지들이 끊어지지 않고 계속 이어지는 글입니다. 마치 필름처럼 말입니다.

또 윗글은 서술자의 기억과 흐름을 따라가는 순차적인 구조를 지닙니다. 어떤 기억을 떠올릴 때 눈으로 보고, 머릿속에서 떠오르고, 가슴 아래로 내려오는 순서가 글에 담겨 있습니다. 그래서 장문이어도 독자는 어렵지 않게 흐름을 타고 따라갈 수 있습니다.

※ **문장의 길이의 강,약 크게 주기**

강약 조절

예문)

    찬란했던 푸르던 시절의 잎들을 떨쳐낸 나뭇가지는 오로지 스쳐가는 차가운 바람에만 반응하여 부르르 떨었고, 발아래로 펼쳐진 들판은 인고의 시간을 이겨내기 위해 잠시 생명의 호흡을 멈춘 것으로 보였다. 이곳은 겨울이었다.

예문에서 마지막 '이곳은 겨울이었다' 문장 빼고는 하나의 문장입니다. 처음에 긴 호흡으로 글을 읽다가 상대적으로 확연히 짧은 문장이 뒤에 놓이면 임팩트가 생깁니다. 문장의 강약은 흐름에 탄력을 만들어 줍니다. 짧은 문장은 힘을, 긴 문장은 여운을 줍니다.

※ **대화체를 사용하여 현장감 주기**

강약 조절

예문)

    떠나고자 마음먹었을 때의 그 기쁨은 오래가지 못했다. 나를 묶고 있는 현실의 끈들이 조금씩 수면 위로 모습을 드러냈기 때문이다. 생계를 책임져야 하는 금전적인 부담이다.
    '그래, 떠나는 것은 좋아. 그러면 그 이후는?'
    예측할 수 없는 미래는 안개 낀 절벽 사이를 걷는 기분과 같다. 잠깐의 발 헛디딤에도 깊은 수렁 아래로 떨어져 버릴 것 같은 두려움이 일어난다. 보장되지 않는 현실의 끈이 사라져 버린다는 것 그것은 앞으로 나아가야 할 발걸음을 더욱 더디게 만들었다.

짧은 문장을 대화체로 표현하면 현장감이 증가합니다. 글을 읽던 독자를 이야기의 세계로 끌어당겨 줍니다. 대사를 말하는 주인공이 독자가 되기 때문입니다. 이렇게 긴 문장과 짧은 문장 그리고 대화체 및 여러 가지 표현을 함께 사용하여 글의 맛을 살려봅니다.

★★☆

문장에 재미를 주는 참신한 연출

　　에세이 분야에서 대중들이 선호하는 책과 주제는 매년 새롭게 달라지는 편이 아닙니다. 물론 출간되는 시기에 두드러지는 사회적인 배경이나 특징에 영향은 받지만, 오히려 비슷한 주제들이 트렌드 안에서 돌고 돌며 출판되는 편입니다. 그래서 같은 소재라도 작가가 어떻게 풀어내는지가 참 중요합니다. 예를 들어 여행 에세이를 쓴다고 할 때, 내가 방문한 그 나라의 관한 내용과 주제는 이미 누군가 써서 출판된 책이 한 권쯤은 있을 것입니다. 콜럼버스처럼 완전히 새로운 신 대륙을 발견하는 게 아니라면 말이죠. 또 생소한 나라는 대중적인 관심을 갖기 어렵습니다.

에세이의 대표적인 사랑, 관계, 자기계발, 힐링 등의 주제에서 완전히 새로운 소재를 찾기는 불가능합니다. 그렇다고 비교적 참신한 내용 쓰기를 포기한다면, 독자들이 내 책을 구태여 읽어줄 경쟁력까지도 놓치는 일입니다. 그래서 글을 쓸 때 관점을 새롭게 보고, 다르게 표현하는 방법도 중요합니다. 내 글이 기존에 나온 책의 내용과 별 차이가 없는 글이 되지 않기 위한 참신성이 필요합니다.

어떻게 참신성 있는 글을 쓸 수 있을까요? 조금 특별한 답을 얻기 위해서는 남들과 똑같이만 생각해서는 부족합니다. 새로운 답은, 새로운 질문에서 나옵니다. 현상을 다르게 관찰하고, 사유의 깊이를 더하는 사고는 '통찰력 있는 질문'에서 출발합니다. 작가의 성향에 따라 질문의 방향은 다양하게 갈라집니다. 작가만의 깊이를 갖게 되면 책의 가치가 올라갑니다.

적용 Point
특별한 경험 넣기
누구나 사연이 있습니다. 똑같은 장소라도 어떤 사람에게는 향수를, 또 어떤 사람에게는 트라우마를 불러일으킬 수 있습니다. 저자의 특별한 경험과 사연을 녹여내는 글을 써봅시다. 이때 너무 '작가의 경험을 알아주기'를 바라는 식의 내용이 되지 않게 쓰도록 합니다. 독자가 '그래서 무엇을 말하고 싶은 거지? 이 글을 왜 읽어야 하지?'라는 생각이 들지 않도록 말이죠.

긴장감 있는 연출

너무 단조로운 구조로만 쓰인 에세이는 긴장감이 반감될 수 있습니다. 추리 소설을 볼 때 다음장에 어떤 내용이 펼쳐질지 흥미진진해하는 이유가 무엇일까요? 바로 예측하기 어렵기 때문입니다. 시간순에 따른 순차적으로 사건을 나열하기만 하면 독자에게 호기심을 유발하는데 한계가 있습니다.

에세이에서도 추리소설은 같은 맛이 있다면 어떨까요? 물론 허구의 소설이 아니기 때문에 극적인 연출은 어렵습니다. 하지만 작가의 삶과 경험은 이미 한 편의 사실에 기반한 이야기입니다. 주인공인 작가의 스토리가 들어있는 것입니다. 내 이야기를 더욱 흥미롭게 들려줄 수 있는 추리소설 같은 글의 구조를 만들어가 봅시다.

주제의 전문가가 되자

대중들은 상품이나 콘텐츠를 구매할 때 자신이 갖고 있는 어떤 '특별함'을 얻기 원합니다. 누구나 다 알고 있는 내용만 들어있는 책이라면, 구태여 구매까지 이어지지는 않을 것입니다. 에세이(혹은 다른 분야)를 쓴다고 할 때, 작가는 해당 주제 안에서 일반 대중들보다 더 많은 자극 점을 제공해야 합니다. 그 주제에서 만큼은 내 독자들 앞에서 당당히 소개나 강연할 수 있는 수준이 돼야 합니다. 그래서 주제에 관련된 깊은 공부와 조사가 수반돼야 합니다.

| 글을 만드는 예문 훈련 |

"글에 공감을 주면서 참신한 의미를 어떻게 전달할까?"

작가가 전달하고 싶은 메시지를
독자에게 공감과 깊은 의미를 전달할 수 방법이 무엇일지 고민하며 글을 써봅시다.

예시
<나에겐 노을은 푸른빛 뿐이다>

참신성

　　나에겐 노을은 푸른빛뿐이다.

일반적인 관점과 다른 사실이나 내용을 전달하여 참신한 의미를 전달할 수 있습니다. 노을은 일반적으로 붉은빛입니다. 아래 예시 문장에서 푸른 빛으로 표현하여 독자의 호기심을 끌어냅니다. 이후 공감·경험·통찰력 새로운 질문 등 다양한 표현을 활용하여, 전하고 싶은 메시지를 가장 적절하게 끌어내며 글을 써봅시다.

공감

　　나에겐 노을은 푸른빛뿐이다.
　　어머니가 생전에 좋아하시던 붉은 노을,
　　어머니가 생전에 좋아했던 짙은 파랑,
　　어머니가 노을처럼 하늘로 올라가던 날,
　　나의 노을은 푸른빛이 되었다.

뒤이어 서술자가 노을을 푸르게 보는 이유를 제시하면서 감정을 독자에게 공유합니다. 독자는 서술자의 글에 공감하는 만큼 글에 빨려 들어갑니다. 윗글에서는 어머니가 좋아하던 노을과 파란색을 연결하고, '하늘로 올라가던 날'이라는 표현을 통해 어머니의 죽음을 암시했습니다. 노을을 볼 때마다 떠오르는 어머니에 대한 그리움을 생전 좋아하던 색과 연결 지어 나타냈습니다.

독자의 공감을 이끌어 내는 감성적인 표현들을 섞어 써 봅시다

> **경험**
>
> 　나에겐 노을은 푸른빛뿐이다. 어머니가 생전에 좋아하시던 붉은 노을, 어머니가 생전에 좋아했던 짙은 파랑, 어머니가 노을처럼 하늘로 올라가던 날, 나의 노을은 푸른빛이 되었다.
> 　∞
> 　작년 겨울이었다. 나의 어머니는 집으로 돌아오는 길 불현듯 쓰러지셨다.
>
> 개인적인 경험을 내용에 넣어 구체적인 이야기로 짙은 호소력을 가져갈 수 있습니다.

> **경험**
>
> 　나에겐 노을은 푸른빛뿐이다. 어머니가 생전에 좋아하시던 붉은 노을, 어머니가 생전에 좋아했던 짙은 파랑, 어머니가 노을처럼 하늘로 올라가던 날, 나의 노을은 푸른빛이 되었다.
> 　작년 겨울이었다. 나의 어머니는 집으로 돌아오는 길 불현듯 쓰러지셨다.
> 　∞
> 　나의 노을의 색은 계속 변한다. 붉은빛에서 푸른 빛으로. 푸른 빛에서 보랏빛으로. 보랏빛에서 노랑 빛으로. 그리고 언젠가는 다시 붉은 빛으로 돌아오겠지. 내가 가장 좋아하는 붉은 색으로.
> 　그때는 노을 너머에 오로지 나를 바라볼 수 있겠지.

노을빛을 어머니의 그리움에서 시작하여 서술자의 관계 내 외로움과 그리움으로 확대해 나갔습니다. 단지 노을이 푸른 빛으로 끝나는 것이 아니라 계속해서 변해간다는 의미를 통해 독자에게도 열린 질문을 던집니다. 또한 돌고 돌아 다시 붉은 빛(서술자가 좋아하는 색)으로 노을이 돌아왔다는 결론은, 그리움과 외로움에서 자립해 나갈 서술자의 희망적인 의지를 담고 있습니다. 위와 같이 현상을 다르게 접근해 보고, 새로운 생각을 할 수 있는 여지를 글에 넣어봅니다.

> 내 글을 좀 더 풍성하고 깊이 있게 적어나가보세요

★★★

장면이 그려지도록
구체적인 묘사

　　작가의 머릿속에 떠오른 장면은 독자가 그대로 볼 수 없습니다. 녹화하거나 이미지 캡처를 할 수도 없습니다. 복사하듯 머릿속 장면을 똑같이 전달할 수 없기 때문에 독자에게는 상상의 자유가 주어집니다. 그렇다고 묘사가 필요 없다는 말이 아닙니다. 작가가 의도한 장면과 최대한 비슷한 상상을 할 수 있도록 구체적인 묘사가 필요합니다.

　　구체적인 묘사는 책을 읽는 독자에게 '재미'를 느끼게 합니다. 그 묘사가 독자도 알고 있는 회상에 한 축을 잡고 있다면 더욱 그렇습니다. 그 내용에 '공감'하기 때문입니다. 세부적인 묘사를 이해하지 못하는 군집이라도 괜찮습니다. 공감대는 '호기심'으로 바뀌어서 또다른 재미를 느끼게 할 것이기 때문입니다. 예를 들어 90년대생에는 일요일 오전이면 텔레비전 앞으로 모이게 했던 '디즈니 만화 동산'을 기억할 것입니다. 디즈니의 동심 가득한 매력적인 만화를 보기 위해 늦잠을 버리기도 했습니다. 이 주제로 글을 쓴다고 해 보겠습니다. '일요일 아침이면 우리를 잠에서 깨웠던 디즈니 만화 동산'이라고 했을 때, 그 상황에 공감되는 독자는 문장에 묘사된 장면을 더 수월하게 상상할 수 있습니다. 찰나의 순간 과거가 회상되는 재미와 함께 말이죠. 디즈니 만화 동산을 모르는 사람이 글을 읽을 때는 어떨까요? 공감할 수는 없더라도 감정이 전달됩니다. 상상력이 좋은 독자는 그때 그 시절의 일요일 오전 풍경을 구현해 낼지도 모르죠.

　　이러한 표현과 묘사가 중점적으로 다뤄지는 글이 소설입니다. 소설이야말로 작가가 만든 세계를 독자가 잘 따라오면서 이야기 장면을 상상하도록 해야 하니까요. 그러기 위해서 때때로 치밀한 묘사가 필요합니다. 소설에서 새로운 인물이 등장할 때 인상착의를 얼마나 세심하게 묘사하는지 찾아보세요. 등장인물마다 특징이 없고 졸라맨 같이 묘사된다면 재미를 느낄 수 없겠죠. 작가는 독자가 최소한 러프한 스케치 같은 상상을 할 수 있도록 인도해 내야 합니다. 작가의 이야기를 전하는 에세이를 쓸 때도 구체적인 묘사를 잘 사용하면 글이 더 풍성해집니다.

적용 Point

강조하고 싶은 장면

에세이는 소설이 아니기 때문에 모든 부분에 세밀한 묘사를 할 필요는 없습니다. 그렇다면 표현을 신경 써야 할 때는 언제일까요? 바로 강조하고 싶은 부분입니다. 독자에게 상상력을 자극시키고 싶은 장면은 표현에 주의를 기울입니다. 글을 쓸 때 초안(머릿속에서 곧바로 떠오른) 문장은 대체로 꾸밈이 없습니다. 비유나 묘사도 잘 없습니다. 이런 초안 문장을 그대로 적기도 하지만, 중요한 대목에서 포인트를 살리는 연습을 하면 문장에 매력이 붙습니다.

과정이 그려지도록

작가가 어떤 행동을 하는 과정을 구체적으로 표현할 수 있습니다. 과정을 설명하기 위해 그 행동을 하는 장소, 배경, 상황, 이유 등이 제시되기도 합니다. 예를 들어 '물을 마셨다'라는 행동은 아주 단시간 일어난 일입니다. 그러나 그 물을 마실 때의 상황을 구체적으로 묘사한다면 찰나의 순간이 독자에게 길게 늘어진 비디오테이프처럼 다가옵니다. 물을 마셨다는 상황이 면접장 안에서 일어난 일이라면 어떨까요? 장소의 모습, 공간의 분위기, 입고 있는 옷, 물컵을 쥐고 있는 손, 물을 얼마나 마셨는지 등의 과정을 묘사하여 긴장감 있는 서사를 끌어낼 수 있습니다.

구체적인 숫자

숫자를 제시해야 할 때 가능한 한 정확하게 적으면 좋습니다. '아주 오래전'보다 '20년 전'이라고 쓴 문장이 얼마나 시간이 지났는지 더 명확하게 와닿습니다. 숫자는 많고 적음을 알려주는 양적인 표현입니다. 또 가격이나 수치를 정확하게 알 수 있습니다. 중요한 대목에서 정확한 숫자를 집어넣어 봅시다. 숫자를 이용해 내용에 신뢰를 높여 줄 수도 있고, 이야기에 현실성을 마련해 주기도 합니다.

시대적 공감

시대마다 특징이 있습니다. 동시대를 살아온 같은 연령대의 사람들에게는 더 친밀하게 느껴지는 장면이 있습니다. 앞서 디즈니 만화랜드가 시대적 공감에 해당하는 예시입니다. 시대적 공감은 자신에게 의미 있는 기억의 일부에서 시작됩니다. 과거의 향수와 추억을 곱씹기 위해서, 그 순간의 감성을 잘 전달하고자 하는 것입니다. 소중한 추억을 글로 풀어낼 때 어떤 장면의 묘사를 신경 쓰면 좋을지 생각해 봅시다.

| 글을 만드는 예문 훈련 |

"구체적인 묘사는 어떻게 할까?"

독자에게 장면을 집중시키고 싶은 부분에서 구체적인 묘사를 합니다.
① - 나에게 의미 있는 장면, 독자에게 강조하고 싶은 장면을 생각합니다.
② - 독자가 그 장면을 충분히 감상할 수 있도록 다양한 방법으로 묘사합니다.

※ 지명, 위치, 상태

여행을 갔다.
↓
속초, 강릉, 양양은 이러한 무난한 여행지였다. 조금 더 보상을 줄 때는 부산에 갔다. 처음에는 부산과 같이 먼 지역일수록 여행의 기대가 높았다. 멀리 갈수록 일상을 벗어난다고 느꼈기 때문이다. 점차 여행지의 목록이 늘어나면서 지역의 새로움도 사라져갔다. 그러자 먼 거리보다 좋아하는 경관이 있는 곳을 선호하게 되었다.

여행지에 대해 사람들이 느끼는 공통의 감상이 있기 마련입니다. 단순히 여행을 갔다, 여행지를 골랐다고 쓸 수 있는 문장에서 지역을 명시했습니다. 서울에서 부담이 덜한 동해와 거리가 먼 부산에 대해 표현하면서 독자의 공감을 자아냅니다.

※ 구체적인 숫자

카페에서 작업이 되지 않았다.
↓
비워진 아메리카노 머그잔을 바라보며 4,800원을 어디에 대입시켜야 날려버린 3시간의 가치를 찾을 수 있는지 고민할 뿐이었다.

작업을 하러 카페에 갔지만 멍때린 경험이 있는 분은, 커피 가격이 아까워집니다. 무의식적으로 '커피 비용을 다른 곳에 썼다'라고, 위안하기도 합니다. 이러한 심정을 커피 가격과 시간의 숫자를 정확하게 드러내어, 그 상황이 대입되도록 했습니다.

❋ 시대적 공감대

어릴 적 나는 아파트에 살았다
↓
13살 까지 내가 살던 곳은 복도식 아파트였다. 현관문을 열면 곧바로 세상과 마주했다. 복도에 나오면 초등학교 운동장이 바로 보였다. 그 뒷 배경으로는 높지 않은 산이 시야의 끝과 끝을 감싸며 넉넉히 이어져 있었다.

13살까지 내가 살던 곳은 복도식 아파트였다. 현관문을 열면 곧바로 세상과 마주했다. 복도에 나오면 초등학교 운동장이 바로 보였다. 그 배경으로는 높지 않은 산이 시야의 끝과 끝을 감싸며 넉넉히 이어져 있었다.

❋ 과정이 그려지도록

동해로 가는 고속버스를 탔다
↓
동해까지 대략 2시간 30분. 짧지 않은 여백을 메꿔줄 이동은 중요한 과제를 마련했다. 바로 창이 좋은 자리에 위치하는 것이었는데, 중간에 창틀이 없는 좌석을 잘 찾기 위해 고심하곤 했다. 우등 버스는 좌석이 왼쪽에 2줄, 오른쪽에는 1줄로 되어있다. 나는 1줄로 된 좌석을 고르는 편이었다. 그중 선호하는 곳은 출입문과 가장 가까운 맨 앞자리다. 전면이 유리창으로 운전 기사님의 시야를 같이 볼 수 있는 곳이다.

구체적인 과정을 묘사함으로써 글에서 전개되는 작가의 상황이 더 선명하게 전달됩니다. 과정 묘사란 내가 어떤 움직임을 하기까지 머릿속에서 떠오른 생각의 과정을 세세하게 전달하는 것입니다. 우등 고속버스에서 자리를 정할 때 작가는 어떤 자리를 선호하는지를 말하기 위해 버스 내부의 풍경을 구체적으로 언급합니다. 작가의 행동에 주관적인 논리를 만들기 위해서입니다. 과정을 구체적으로 잘 묘사하면 독자는 그 이야기 흐름 안에 함께 있는 듯한 느낌을 받을 수 있습니다.

★★★

감성을 살려주는 표현 활용

대한민국 사람들은 설명식 글을 쓰는데 익숙합니다. 학교 과제, 회사 보고서 등 설명 위주의 글을 다뤄왔기 때문입니다. 에세이는 설명하는 글이 아니라 표현되는 글입니다. 객관적인 사실을 명확한 어조로 쓰고 싶다면, 전문적인 내용을 담은 책을 쓰는 게 더 나을 것입니다. 그게 아니라면 표현하는 글쓰기와 익숙해져야 합니다. 한국 사람들은 표현에 약하기 때문에 의도적인 노력이 필요합니다. 감정을 곧이곧대로 드러내며 표현하는 방식이 유치하다고 느껴진다면 좀 더 은밀하게 표현해 보세요. 비유와 은유를 사용하여 작가의 감정과 의도를 숨길 수도 있습니다. 기준을 잘 모르겠다면, 한번 글을 쓰고 며칠 뒤에 다시 읽어보세요. 내가 쓴 글이 설명 위주인지, 표현 위주인지 보일 것입니다. 이때 추가적으로 다른 좋은 에세이를 읽으며 내 글과 비교해 봅시다. 작가의 감정과 생각을 어떻게 매끄럽게 전달하는지 파악하고 내 글에서 부족한 부분들을 찾아 보완하고 발전해 나갑니다. 머릿속에 떠오른 대로 횡설수설하며 획일화되는 표현으로 '글의 맛'이 사라지지 않게 해 봅시다.

　　설명과 표현의 차이는 무엇일까요? 설명은 어떤 사실을 객관적으로 전달하는데 목적이 있습니다. 설명을 듣는 사람이 착오 없이 이해할 수 있도록 해야 합니다. 표현은 감정이나 생각을 효과적으로 전달하는데 의의를 둡니다. 에세이에서 표현력이 중요한 이유는, 감성으로 감정을 그리고 감동까지 자아내기 때문입니다. 사실을 그대로 적거나 설명하는 것은 비교적 쉽습니다. 그에 반해 표현은 처음에 굉장히 어색합니다. 꾸준히 연습해야 감각적인 글을 쓸 수 있습니다.

적용 Point

오감 활용하기

　　사람에게는 다섯 가지 감각이 있습니다. 오감이라고도 합니다. 시각, 청각, 후각, 미각, 촉각으로 각각 눈으로 보는 것, 귀로 듣는 것, 코로 냄새를 맡는 것, 입으로 맛을 보는 것에 해당합니다. 우리가 글을 쓸 때 활용하는 묘사는 오감 중 어느 한 곳에 속해 있습니다. 대체로 시각이 가장 많이 사용됩니다. 눈으로 본 것이 기억에 남고, 기억에 남은 잔상이 표현되기 때문입니다.

더 감각적이고 색다른 묘사를 하고 싶을 때 시각 외의 다른 감각을 사용해 봅시다. 예를 들어 '그녀는 아름다웠다'라는 문장을 후각이나 촉각의 묘사로 바꿔보면 어떨까요? '달콤한 꽃 향기를 가득 머금은 그녀는 한 송이의 가시 돋친 장미 같았다.' 아름답다는 소개를 다른 감각을 활용해서 더 문학적으로 표현해 보았습니다. 아름답다는 단어가 직접 등장하지 않지만, 꽃 향기와 장미라는 묘사를 통해 보편적으로 떠오르는 아름다운 이미지를 만들어 줍니다. 또한 단순히 '꽃 같았다'라고 쓰지 않고, '가시 돋친 장미'라고 세밀한 묘사를 이어 갔습니다. 이를 통해 여인의 전반적인 이미지가 떠올라집니다.

어떤 물체를 눈으로만 보는 것보다, 만지고 냄새를 맡고, 소리를 들으면서 더 정확하게 파악할 수 있습니다. 이처럼 적절하게 사용한 오감 묘사는 입체적인 글이 되게 해 주고 읽는 재미를 증가시켜 줄 수 있습니다. 오감 묘사를 잘하기 위해서는 신체 부위에 느껴지는 반응과 느낌을 살피면 좋습니다. 표현적인 글을 만드는 1단계는 감각을 있는 그대로 풀어내는 것입니다. 2단계는 생각과 감각의 표현을 연결하는 것입니다. 단순 설명만 있는 글보다 한결 부드럽고 친근한 글이 될 수 있습니다.

표현이 중요하다고 해서 수식어만 가득하면 글이 볼품없어집니다. 적절한 부사와 형용사를 사용해야 합니다. 또 표현을 위해 쓰인 문장의 양을 과하게 부풀리면 글 흐름에 긴장감을 놓치게 됩니다. 마치 상품의 본질보다 포장지만 과하게 많은 샘입니다. 포장지의 양이 많으면 상품 개봉도 전에 흥미가 떨어질지도 모릅니다. 위 내용에서는 표현 자체의 중요성을 전했습니다. 그다음 성장해야 할 지점은 불필요한 수식어를 과감히 빼는 선택입니다.

| 글을 만드는 예문 훈련 |

"표현으로 글을 풀어쓴다는 것은 어떤 것일까?"

표현하는 글쓰기는 이미지를 상상하거나, 기억을 꺼내오는 것에서 시작됩니다.
① - 내 기억 속에 없는 이미지라면, 상상으로 만들어 낸 모습을 관찰합니다.
② - 내 기억 속에 있는 이미지라면, 그때의 감정과 느낀 오감의 기억을 꺼내옵니다.

※ 더 자세히 관찰하고 표현하기

그 유리컵은 할머니의 유품이었다.
↓
어느덧 반투명해진 유리의 탁한 빛에는 세월이 담겨 있다. 할머니가 살아온 시간만큼 유리컵은 닳아져 있었다. 컵 표면에 그려진 장미꽃무늬마저 군데군데 긁혀 사라진 상태였다. 그 벗겨진 무늬 사이에는 짓눌린 할머니의 지문이 있었다. 할머니의 손길과 입김이 닿아 있는 컵. 그 유리컵은 할머니의 유품이었다.

할머니의 유리컵을 상상해 봅니다. 실제로 할머니의 유리컵을 본 적이 없다 하더라도 이미지를 만들어 낼 수 있습니다. 할머니 따라 시간의 때가 묻은 오래된 유리컵은 어떤 모양일지 머릿속에서 이리저리 관찰합니다. 그렇게 상상 속 이미지를 글로 실감 나게 풀어 나갑니다.

※ 문장을 다양하게 표현하기

세상에서 가장 어려운 일은 사람의 마음을 얻는 일이다.
↓
- 사람의 마음을 얻는 일이 어떻게 쉬울 수 있을까?
- 그 마음을 얻기까지 나는 어떤 고난도 감내할 자신이 있다.
- 그 마음을 얻기 위해 나는 가장 고된 시간을 보내고 있다.

같은 의미를 지녔지만, 문장을 다르게 적어볼 수 있습니다. 작성한 문장이 마음에 들지 않을 때는 앞, 뒤 문장 간의 균형을 생각하면서 문장을 변형해 봅니다.

※ 감각을 활용하여 나타내기

밤바다는 낭만이 있다.
↓
철썩철썩 들려오는 파도 소리가 귀에서 마음까지 닿아진다. 밤을 맞이한 바다는 어둠을 집어삼킨 듯 보였다. 일렁이는 물결만이 두 눈에 가득 담긴다. 멍하니 보고 있자면, 광활한 자연의 호흡에 빨려 들어갈 듯하다. 밤바다는 낭만이 있다. 그리고 두려움도 있다. 낭만과 두려움은 시선의 한 끗 차이다. 나는 문득 두려움이 엄습할 때면 저 멀리 홀로 반짝이는 등대의 올곧은 빛을 찾았다.

'밤바다는 낭만이 있다'라는 문장을 오감을 활용하여 표현을 풀어봤습니다. 밤바다를 마주했을 때 그 낭만과 두려움을 동시에 느끼게 한 오감의 기억을 다시 끌어냅니다. 눈으로 어떤 바다가 보였는지, 귀로는 어떤 파도를 들었는지, 촉감으로는 어떤 바람을 느꼈는지, 후각으로는 어떤 바다 냄새를 맡았는지 말입니다. 오감의 기억을 풀어내기만 해도 표현하는 글쓰기가 됩니다.

※ 불필요한 수식어 덜어내기

황홀하고 너무 아름다운 밤에, 가장 설레고 벅찬 순간이다! 나는 지금껏 본 적 없는 가장 아름다운 짙은 눈과 매력적인 미소에, 첫눈에 반하고 말았다.

그 밤은 내 일생에 가장 황홀한 순간이었다. 그녀는 짙고 아름다운 눈과 투명한 피부에 어울리는 매력적인 미소가 내 머릿속에 가득 차 지워지지 않았다.

첫 번째 문단은 수식어가 너무 많이 있습니다. 수식어가 글마다 과하게 붙어 있으면 독자는 어느 순간 피곤함이나 거북함을 느낍니다. 수식어는 필요한 곳에만 적절하게 배치하는 것이 더 좋습니다. 수식어를 활용해서 같은 의미의 문장을 다르게 적어볼 수 있습니다. 작성한 문장이 마음에 들지 않을 때는 앞, 뒤 문장 간의 균형을 생각하면서 문장을 변형해 봅니다.

★★☆

주목성을 높이는 함축적 시구

　　시적인 표현은 시선을 집중시키는 힘이 있습니다. 문장의 길이는 짧지만, 독자가 문장을 음미하는 시간은 깁니다. 짧은 문장 안에 함축적인 의미가 담겨 있기 때문입니다. 문장 안에 반복되고 있는 리듬을 통해 울림이 전해지기 때문입니다. 에세이 글에서 이런 시적인 표현이 같이 들어 있을 때가 있습니다. 이야기를 길게 늘어놓다가, 중간중간 작가의 의도로 특정한 감상이나 메시지를 각인시키고 싶을 때입니다. 독자는 그러한 장치를 기꺼이 반겨줍니다. 독자도 작가의 메시지를 짧게 정리해 주면 받아들이기 편하기 때문입니다.

감성적인 표현을 살리고 싶을 때 시를 쓰듯 문장을 다듬어 볼 수 있습니다. 시적인 문장에는 리듬이 있습니다. 시의 리듬은 문장의 요소를 규칙적으로 배열하고 반복함으로 얻는 흐름을 말합니다. 이러한 리듬은 언어의 소리에서 비롯합니다. 이때 가장 중요한 요소가 반복된 문장 구조입니다. 반복되는 구조를 통해 독자에게 글의 리듬을 쉽게 전달할 수 있습니다.

문장에 리듬을 만들기 위해서 함축적인 표현을 사용해야 합니다. 말하고자 하는 대로 표현하면 문장이 늘어집니다. 늘어진 문장의 길이는 제각각이고 반복되는 요소를 넣기 힘듭니다. 시적인 문장은 대체로 길이가 짧습니다. 한 호흡에 모두 읽을 수 있어야 하기 때문입니다. 길이가 짧은 문장으로 반복된 패턴을 만들어야 하므로 생략과 함축이 중요합니다.

물론 에세이에서 문장 리듬을 만든다고 시를 쓰는 작업과 동일하지 않습니다. 시는 모든 내용 안에 함축적 의미가 들어가야 합니다. 그러나 에세이에서 시적인 표현은 부분적으로 사용되는 편입니다. 분위기를 전환해 독자를 사로잡기 위해서 말이죠. 그러므로 글을 쓰다가 문학적인 감성을 살리고, 의미를 정리하고 싶은 부분에 시적인 표현을 사용해 봅시다. 시적인 표현은 작가의 문체나 스타일에 영향을 받습니다. 내가 쓰고 표현할 수 있는 정도로 부담 없이 문장을 만드는 게 좋습니다.

예문
별은 가능성이다

　이 코스의 마지막은 운동장 중앙에 위치한 구령대에 올라가는 일이었다. 작은 계단을 올라, 다른 사람들보다 조금 더 높아진 곳에서 하늘을 바라봤다. 그리고 별을 찾았다. 어둠에서 자신의 존재를 지키는 희미한 저 빛. 얼마나 먼 곳에서 오는지도 알 수 없지만, 결국 나의 눈까지 찾아온 저 강인한 빛. 탁해진 하늘은 수많은 빛을 잃고야 말았지만, 간간이 보이는 또렷한 작은 점들을 발견하는 것은 나의 기쁨이었다. 처음에는 잘 보이지 않더라도 가만히 응시하며 숨은 별을 찾는 재미도 있었다. 그렇게 한동안 찾은 별들이 눈에 박혔다. 그리고 가슴에 심겼다. 집으로 돌아가는 마음에도 별이 떠올랐다.

　별은 가능성이다.
　밤하늘에 별이 보이지 않는다고 해서
　별이 없는 것이 아니다.
　공해와 오염으로 더럽혀진 하늘이 빛을 덮었을지라도
　별은 여전히 그 자리에 존재하고 있다.
　먼 우주에서 긴 시간을 뚫고 다가온 것이다.

우리는 각자의 별빛을 소유하고 있다.
때때로 짙어진 어둠이 모든 것을 집어삼켰을지라도
그 너머에는 여전히 별이 존재한다.
현재와 미래를 연결하는 빛으로 다가오고 있다.

그러니 잊지만 말자.
수억 개의 별들이 촘촘히 박힌 하늘을
보이지 않아도 존재하는 밝고 찬란한 빛을
당장은 암담해도 수많은 가능성이 있다는 사실을
바람과 나무와 별이 알려준 비밀이다.

★ ☆ ☆

문장력을 높이는
집필 방법 7가지

　　　　문장을 쓸 때, 지금까지 읽었던 작문 책의 개념들을 머릿속으로 떠올립니다. 글쓰기에 적용하기 위해 읽었던 독서를 낭비하지 않도록 합니다. 또한 문장을 쓰면서 전체적인 균형을 계속 확인합니다. 긴 문장만 있지 않는지, 짧은 문장만 있지 않는지 등입니다. 또 내용이 너무 축약되어 있거나, 장황하게 풀어져 있는지 등입니다. 너무 한쪽 스타일로 치우진 문장들이 많지 않도록 적당한 강약이 들어가게 글을 씁니다. 독자가 글을 매끄럽게 읽을 수 있는 문장을 만드는 기본적인 7가지 방법을 소개합니다. 초안을 완성한 후 퇴고할 때 이 기준으로 수정하면 좋습니다.

❶ 단 문장 쓰기

글쓰기를 지도하는 책들에서 공통으로 제시하는 내용이 있습니다. 독자의 중요성과 간결한 문장 쓰기입니다. 간결한 문장 쓰기는 초보 작가라면 꼭 훈련해야 하는 집필 방법입니다. 두서없이 긴 문장을 쓰는 습관이 형성되면 비문만 많아집니다. 먼저 명확한 의미를 전달할 수 있도록 기본기 가져야 합니다.

읽기 어려웠던 책을 생각해 봅시다. 책의 문장을 쉽게 이해하지 못하고 해석하는 노력이 필요했을 것입니다(문장이 매끄럽지 못한 것과 수준 높은 글이 어려운 것과는 별개로). 긴 문장을 쓰게 되면 접속사가 붙습니다. 접속사가 있다는 말은 문장에 여러 내용이 담겨 있다는 것입니다. 두 개 이상의 의미가 들어간 문장을 읽을 때는 해석의 노력이 필요합니다. 이때 문장 자체의 의미가 명확하지 않으면 글이 잘 읽히지 않게 됩니다. 독자는 글이 읽기 힘들다고 느껴지면 책을 덮어버립니다. 머리 아픈 독서를 굳이 이어가고 싶지 않습니다. 더군다나 짧은 콘텐츠에 익숙해진 사람들은 더욱더 복잡한 내용을 선호하지 않습니다. 그러니 작가 스스로가 긴 글을 잘 적을 수 없다고 판단되면 단 문장 쓰기로 가야 합니다. 굳이 불필요한 살을 붙여가며 해석의 방해를 만들지 않도록 말이죠.

단 문장은 무엇일까요? 문법의 개념을 생각해 봅시다. (주어+동사 / 주어+형용사)와 같이 주어가 하나인 문장입니다. 주어가 2개 이상이면, 당연히 그 의미도 2개 이상이 됩니다. 그렇다고 긴 문장 자체를 아예 쓰지 말라는 뜻이 아닙니다. 작가의 의중에 따라 (그리고 실력을 기반으로) 문장을 붙여 길게 늘일 수 있습니다. 문학 작품에서는 긴 문장을 이용하여 극 중의 분위기를 조절하는 경우도 많습니다. 긴 문장과 짧은 문장을 적절히 섞어가며 흐름에 긴장감을 줍니다. 단 문장은 주어와 술어의 관계를 직관적으로 확인하고 어문이 맞는지 빠르게 검토할 수 있습니다.

❷ 중복되는 단어

작가의 언어습관에 따라서 자주 사용하는 단어가 있습니다. 쓴 글을 읽어보면 나도 모르게 반복되는 특정 어휘와 표현이 있다는 것을 알아차릴 것입니다. 중복되는 표현이 많아지면 문장의 신선도가 떨어집니다. 긴 문장이든 짧은 문장이든, 중복되어 사용하는 단어나 조사를 줄여 나가 봅시다. 중복된 단어를 바꿀 때는 동의어를 찾아서 넣어주거나 지칭 대명사로 대체해 볼 수 있습니다. 문맥상 어쩔 수 없이 중복 표현이 생기는 경우를 제외하고는 최대한 다르게 표현하는 것이 좋습니다. 중복 단어를 수정하기 위해 쓰고 읽고 수정을 반복합니다. 그러면서 내가 자주 반복되는 표현이 무엇인지 파악합니다. 이후 집필하면서 의도적으로 줄여나가도록 합니다. 또한 문장을 연결하는 조사는 꼭 필요할 때만 넣으면 좋습니다.

❸ 새로운 단어

작가는 자신이 아는 단어로 글을 쓸 수밖에 없습니다. 장문의 글을 쓸 때 아는 단어가 적으면 표현의 한계에 부딪힙니다. 결국 같은 단어를 반복적으로 사용합니다. 물론 모든 단어를 다르게 사용해야 하는 것은 아닙니다(그렇게 글을 쓸 수조차 없다). 그러나 글에서 다양한 표현과 단어를 사용하면 독자가 느끼는 독서의 즐거움이 커질 것입니다. 평소에 책을 읽을 때 낯선 단어를 발견하면 따로 적어놓도록 해봅시다. 한 번씩 사전을 통해 단어를 찾는 것도 좋습니다. 작가는 의도적으로 풍부한 표현을 할 필요가 있습니다.

글을 쓰다 보면 이 단어를 지금 사용해도 되는지 고개가 갸웃해지는 순간이 있습니다. 이때는 꼭 사전을 찾아보고 뜻을 확인한 후 사용하도록 합니다. '대충 의미가 비슷했어.'라고 어영부영 넘기지 않도록 합니다. 비슷하지만 미묘하게 확연히 다른 다른 단어들이 많습니다. 대다수의 독자들이 크게 인지하지 않는다 해도 작가는 바르게 써야 합니다. 또 동의어, 반의어 등을 수시로 찾으며 적재적소에 좋은 단어들을 폭넓게 사용해 봅니다.

❹ 문법 확인

올바른 문장을 쓰는 기본적인 방법은 주어와 동사의 관계를 확인하는 것입니다. 의미 전달의 측면에서만 보면 주어와 동사가 맞지 않아도 읽을 수는 있습니다. 하지만 좋은 문장이 되지는 못합니다. 주어 관계가 틀어지면 문장이 엉성해집니다. 예를 들어 '책을 만들고 싶은 사람은 독서가 좋은 방법이다.'의 문장을 읽고 이해하는 데 막힘이 없습니다. 그러나 주어와 동사의 관계를 보면 〈사람은 ~방법이다〉로 올바른 연결을 갖지 않습니다. 이 문장을 이렇게 수정해 보겠습니다.

[1]'책을 만들고 싶은 사람/에게는/ 독서가 좋은 방법이다.' : 주어의 수식어를 바꿔서 방법이라는 단어를 받을 수 있게 했습니다. [2]'책을 만들고 싶은 사람은 독서를 많이 해야 한다.' : 방법이라는 단어를 아예 빼고 대명사와 연결할 수 있는 동사로 마무리했습니다.

❺ 문장 강, 약

사람의 뇌는 변화가 없는 구조에 지루함을 느낍니다. 글을 읽을 때도 마찬가지죠. 연이어 짧은 문장들이 이어져 있다면? 혹긴 문장들만 있다면 어떨까? 계속 읽다 보면 집중력이 흩어지고 지루함을 느낄 것입니다. 독자를 계속 끌어당기기 위해서는 글에서도 밀당이 필요합니다. 문장에 대비를 주는 일입니다. 한 문단이나 꼭지를 다 쓰고 문장의 길이를 살펴봅시다. 길이가 한쪽으로만 쏠려 있지 않는지 말이죠. 맥락을 잡지 않고 글을 쓰면 문장이 늘어지는 경우가 많습니다. 이럴 때는 강조해야 할 곳을 한 번씩 짧게 만듭니다. 호흡을 조절하고, 독서 리듬의 대비를 주는 것입니다.

❻ 문장의 흐름

문장을 적을 때 덩어리로 생각하는 게 좋습니다. 소주제-단락 안에서 흐름 있는 문장이 되도록 앞, 뒤 관계를 생각해야 합니다. 바로 뒤 내용이 무엇인지 이해하고 있으며, 적는 문장 다음에 어떤 내용을 적어나갈지 생각합니다. 이런 사고의 목적은 말하고자 하는 결론을 매끄럽게 도출하기 위함입니다.

문장끼리 연결도 중요하다. 앞 문장과의 관계, 뒤 문장과의 관계, 문장의 흐름이 매끄러울수록 쉽게 읽히는 글이 됩니다. 지금 쓰고 있는 문장 뒤에 어떤 내용이 와야 자연스럽게 이어지는지 생각해야 합니다. 초고일수록 부자연스러운 흐름이 많을 것입니다. 일단 할 수 있는 한 최대한 논리적으로 문단을 정리합니다. 그다음 여유를 두고 퇴고하는 시간을 가집니다. 글을 재차 읽으면서 이음새가 약한 부분을 찾아냅니다. 단어, 조사, 문장, 맥락 등을 수정하면서 보다 유기적인 문단이 되도록 수정합니다.

❼ 단락의 연결성

단락은 길게 이어지는 글이 행간 나눔으로 끊어지는 각 부분의 글입니다. 단락은 하나의 결론을 끌어내기 위해 그 배경이 될 글을 풀어낸 것입니다.

그 단락을 풀어내는 글을 쓸 때 결론을 위한 '서두'가 있어야 합니다. 어떠한 단락이든 그 내용을 쓰는 '이유'가 있습니다. 나는 지금 이 문단을 쓰면서도 〈결론을 생각하면서 글을 써야 한다〉 목적을 잊지 않고 있습니다. 글을 글쓰기에 집중하다 보면 머릿속에 떠오르는 생각을 마구잡이로 풀어내게 될 수 있습니다. 그러면 문단에서 도달해야 할 결론을 놓칠 수 있죠. '대화가 샛길로 샜다'와 같이 흐름이 중구난방되기도 합니다. 이를 막기 위해 중간중간 글의 방향을 점검하는 게 좋습니다. 결론에 도출하기까지 예상한 맥락이 맞는지 잠시 멈추고 생각하는 시간을 가지기 위해서입니다. 결론까지 유기적으로 연결해 주는 문장의 징검다리를 만들어 나가야 합니다. 논점을 잃고 사족으로 빠지지 않도록 생각의 흐름대로 글을 풀어놓지 않게 노력합니다.

어떤 분들은 고민 없이 바로 떠오르는 문장, 한 번에 술술 풀어진 문장이 좋은 글이라고 말합니다. 그렇게 적힌 글이 좋을 수도 있지만, 아닐 수도 있습니다. 생각난 대로 쓰는 글이 좋은 문장을 만든다고 생각하는 분이 있다면 이 사실을 전하고 싶습니다. 스스럼없이 멋진 문장을 곧바로 적을 수 있는 작가는 이미 기본기를 갖고 있어서입니다. 머릿속에서 논리적으로 글의 흐름과 맥락을 구조화하여 쉽게 표현하는 능력이 있는 것입니다. 절대 논점 없이 글을 주저리주저리 늘어놓지 않습니다. 책 쓰기는 문장 쓰기가 아니라고 말했습니다. 지금 적고 있는 한 문장을 멋있게 쓰는 것보다 중요한 것은 맥락입니다. 문장과 문장이 연결되는 논리적인 구조와 흐름이 필요합니다. 작가는 글을 쓰는 동안 풀어내려는 이야기를 끊임없이 재정리하며 최적의 구성을 만들어야 합니다. 문장의 길이, 문단의 분량, 메시지 도출의 흐름, 독서의 속도, 그 모든 것들이 계산되고 좋은 합이 만들어질 때 독자는 글을 읽으며 감동합니다.

 글을 쓰다 보면 이전 내용을 쉽게 잊습니다. 중간중간 멈춰 적은 내용을 같이 읽어보면 다시 방향을 점검할 수 있습니다. 또 더 탄탄한 구성으로 글을 빠르게 수정해갈 수 있습니다.

★☆☆

초고보다 중요한 퇴고

　　초보 작가와 능숙한 작가 중 퇴고에 많은 시간을 쏟는 쪽은 어디일까요? 처음 글을 쓰는 사람이 퇴고에 더 열심이지 않을까 예측할 수 있습니다. 하지만 신기하게도 경험과 연륜이 있는 작가일수록 퇴고를 진지하게 생각합니다. 빠르게 완성하는 것보다 더 중요한 것이 무엇인지 알기 때문입니다. 독자들에게 부끄럽지 않은 글을 전하는 게 얼마나 중요한 일인지 알기 때문입니다. 그래서 글을 써본 사람일수록 더 신중히 검토하고 수정해 나갑니다. 자신의 글에 깊이와 작가만의 전문성을 넣기 위해 노력합니다. 마치 장인이 오랜 시간 한 가지 일에 집중하는 것처럼 말입니다. 초보 작가들은 상대적으로 퇴고에 집중하는 시간이 낮습니다. 가장 큰 이유는 '조급' 하기 때문입니다. 창작 활동만으로는 경제적인 수익 확보가 어렵습니다. 생계를 위해 빨리 책을 만들어 판매해보려고 합니다. 혹은 아직 대표작이 없다면, 베스트셀러가 되는 다른 작가들을 보고 자신도 그 대열에 빨리 합류하고 싶기 때문입니다.

위와 같은 고충을 이해합니다. 저 또한 그런 조급한 시간을 지나왔고, 여전히 개선해 나가고 있기 때문입니다. 빨리 완성하고 홀가분해지고 싶은 마음이야 이해하지만, 완성보다 더 중요한 것은 깊이라는 점을 잊지 맙시다. 조급함으로 완성한다면, 책이 나온 후 후회와 반성의 시간만 더 늘어날 것입니다. 아직 초보자의 조급함에 머물러 있다고 좌절하지 않아도 괜찮습니다. 포기하지 않는다면, 작가로서 발전하는 가장 귀한 과정이 되기 때문입니다. 조급함을 이겨내고 인내로 작업해야 초보자 위치를 벗어날 수 있습니다. 공부하고, 배우고, 발전하면서, 나만의 작가 세계를 만들어 나가다 보면 어느 순간 창작의 숙련도가 쌓이고 작품의 전문성이 생길 것입니다.

퇴고 계획

퇴고의 중요성을 인지한 여러분은 이제 글을 수정할 계획을 세울 것입니다. 그렇다면 어느 정도에 퇴고 횟수로 만족하시겠습니까? 3번 정도면 될까요? 아니면 5번이면 충분할까요? 사실 몇 번 해야 한다는 정해진 기준은 없습니다. 많이 하면 좋지만, 또 너무 많이 하다가는 진이 빠져버릴 수 있습니다. 어떤 책에서는 퇴고를 20번은 해야 한다고 말합니다. 또 다른 책에서는 퇴고를 최소 3번만 해도 된다고 합니다. 결국 작업 기준과 계획은 작가에게 달려 있습니다. 3번을 진지하게 하든, 20번을 빠르게 하든, 중심 있는 기준이 있어야 합니다.

퇴고 시 매끄럽지 못한 문장을 고쳐 써 봅니다. 밋밋한 문장에 표현을 더해봅니다. 독자를 사로잡을 수 있는 멋진 문장을 만들기 위해 다양하게 바꿔봅니다. 주의할 점은 기존의 의미가 그대로 유지돼야 한다는 점입니다. 문장을 더 멋진 표현으로 바꾸다가 맥락이 달라지면, 모두 다시 써야 합니다. 내 글에서 표현이 부족한 부분들이 어딘지 체크하고 좀 더 수정해 봅시다. 자료 확인이 제대로 되지 않으면, 오류가 나올 수 있습니다. 윤문과 교정이 제대로 되지 않으면, 글 읽기가 힘들어집니다. 맞춤법이 제대로 되지 않으면, 책의 신뢰가 떨어집니다.

퇴고의 중요성을 단번에 새기는 좋은 특효약이 있습니다. 조금 극단적으로 들릴지 모르겠지만, 바로 실패해 보는 일입니다. 상대적으로 부족한 완성도를 끝맺음한 자신의 작품의 민낯을 마주하는 일입니다. 독자들에게 날카로운 비판을 듣게 될지도 모릅니다. 부끄러움으로 얻은 상처는 다음 작업에 더욱 진중하게 임하게 만듭니다. 실패하기를 두려워하는 창작은 발전이 더딜 수밖에 없습니다. 성공하든, 실패하든 도전과 창작은 그 자체로 배움이 있습니다.

퇴고 방법

퇴고의 중요성을 알았다면, 이제 퇴고 방법을 살펴봐야겠습니다. 글을 처음부터 끝까지 정독하면서 글을 수정해야 할까요? 물론 천천히 글을 고쳐나가는 방법도 좋습니다. 헤밍웨이처럼 퇴고에 많은 공을 들여 완성도를 높여나갈 수 있겠습니다. 좀 더 효율적으로 시간을 단축하고 싶은 분들은 기준을 마련해 보세요. 글을 수정하는 단계로 나눠 접근하는 것입니다.

퇴고의 4가지 단계를 다음과 같이 나눠 보았습니다. 〈1단계-원고 보완〉〈2단계-자료 확인〉〈3단계 윤문·교정〉〈4단계 맞춤법〉입니다. 각 단계를 모두 따로따로 점검하는 시간을 가지는 게 좋지만, 여유가 없다면 한 번에 진행해도 됩니다. 각 단계를 반복적으로 많이 하면 그만큼 글이 더 다듬어집니다. 퇴고 계획을 정할 때 어떤 단계를 몇 번 할지 생각해 보셔도 됩니다. 또 책 내용에 따라 더 집중적으로 시간을 투자해야 할 곳도 정해볼 수 있습니다. 자료를 많이 인용한 책은 1~2단계의 퇴고에 공을 많이 들여야 합니다. 에세이는 자료가 잘 들어가지 않으므로 1단계와 3단계 퇴고를 통해 글을 매끄럽게 다듬는 작업이 중요합니다.

1단계 : 원고 보완

첫 번째는 초고를 다시 모두 읽어보면서 내용을 수정하고 보완해 가는 글쓰기입니다. 초고는 머릿속에 그때그때 떠오른 내용을 옮기느라 어색한 문장들이 많습니다. 원고 보완에서는 천천히 글을 다 읽어보며 진행합니다.

- 목차 구성이 알맞게 짜여 있는지 점검하기.
- 글의 순서나 구성을 통째로 바꾸거나 보완하기.
- 논점을 뒷 받침하는 내용이 부실하면, 자료나 내용을 추가하기.
- 초고를 뼈대 삼아 더 발전한 구성으로 새로 글 쓰기.

2단계 : 자료 확인

인용이나 자료들을 넣을 때 잘 확인해야 합니다. 잘못된 내용이나 사실은 없는지, 출처가 맞는지, 혹은 사회적으로 문제될 소지가 없는지 등입니다. 또 전문 지식을 전하는 책은 전문가 감수를 꼭 거쳐야 합니다.

- 뉴스, 수치, 통계 등 사실이 명확한 자료의 오류 여부 확인.
- 예민한 문제를 건드는 내용이나 들어 갔는지 점검.
- 조사한 자료들의 출처가 신뢰할 수 있는 곳인지 확인.
- 전문 지식 도서는 해당 분야 전문가 감수.

3단계 : 윤문/교정

1단계에서 원고 보완은 전체적인 내용을 덩어리로 점검하고 보완하는데 더 힘이 들어갑니다. 윤문 교정은 확정된 글 구조 안에서 문장을 개별적으로 빠르게 살펴보는 일입니다.

- 글을 처음부터 끝까지 천천히 모두 읽으며 어색한 문장 찾기.
- 입으로 소리 내가며 읽으며 어색한 문장 찾기.
- 자연스럽게 바꾸기 위해 좋은 문장들을 비교하며 작성하기.
- 문법과 문장 성분을 체크하면서 올바른 문장을 쓰려고 노력하기.

4단계 : 맞춤법

(1~3) 단계에서 눈에 띄는 오타를 바로 고칠 수 있습니다. 그다음 원고 정리가 끝났다면, 맞춤법은 마지막에 집중하는 시간을 둡니다. 더 이상 고칠 문장이 없어야, 맞춤법 점검 이후에 새로운 오타가 나오지 않습니다.

- 맞춤법은 1번으로 부족하며, 최소 3번까지 오타를 찾아보기.
- 새롭게 보기 위해 2~3명이 같이 맞춤법을 봐주기.
- 맞춤법 검사기를 이용한다고 해도 변경 사항을 직접 확인해야 함.
- 맞춤법 책을 살펴보면서 올바른 표기가 되도록 노력하기.

피드백 듣기

퇴고 단계에서 내 글의 피드백을 한번 받아 봅시다. 매번 꼭 피드백을 받아야 하는 것은 아닙니다. 다만 스스로 완성도를 다듬기 부족하다고 여긴다면, 주변 신뢰의 대상에게 조언받는 게 좋습니다. 피드백을 요청하는 것과 조언을 듣는 것은 쉬운 일이 아닙니다. 많은 사람이 피드백을 받는데 두려움을 갖고 있습니다. 여기에는 거절감에 대한 두려움도 들어있습니다. 칭찬받으면 좋지만, 비판받으면 작업의 거절감으로 다가오기 때문입니다. 또 나의 부족함을 타인에게 드러내는 게 껄끄럽고, 자신의 소중한 작업에 비판받기를 원하지 않기 때문입니다.

자신이 작업이 스스로 생각할 때 '완벽'하다고 여기는 작가는 평가를 거부합니다. 혹은 내 부족함을 마주하는 게 무섭기 때문입니다. 어떤 쪽이든 좋은 발전 방향은 아닙니다. 피드백을 겁내지 않는 방법이 있을까요? 그것은 '부족함을 인정'하는 데서 시작입니다. 내 작업이 '완벽하지 않음'을 알고 있는 것이 시작입니다. 이 사실을 이미 알고 있기 때문에 피드백이 무섭지 않고 당연해집니다. 오히려 좋은 의견을 받을 수 있음에 감사할 수 있습니다.

피드백을 신뢰 가는 사람에게 부탁하는 것을 추천합니다. 누군가에게 부탁하고, 의견을 듣는 일도 에너지가 소모되기 때문에, 필요한 만큼 알맞게 에너지를 소진하는 게 좋습니다. 또 피드백을 해주는 걸 어려워하는 사람들도 있습니다. 자신이 남의 작품에 의견을 말하는 게 미안해서입니다. 이런 분들은 처음부터 '솔직하게 말해달라'고 덧붙입니다. 혹은 처음부터 통찰력 있는 의견을 잘 얘기하는 분들에게 여쭤보는 게 좋습니다. 이때 칭찬만 해주는 사람도 피합니다.

여러모로 쉽지 않은 발전 과정이지만 작업자에게 꼭 필요한 일입니다. 미리 비판과 거절감을 얻을까 두려워하지 않도록 노력합니다. 이때 의견을 말해주는 사람의 역할도 매우 중요합니다. 피드백은 작업을 깎아내리기 위함이 아닌 발전이 되었으면 하는 사랑의 마음에서 의견이 나와야 합니다.

피드백에 두려워하지 않아야 성장할 수 있습니다.
작가가 지켜야 할 자존심은
작업의 평가 여부에 두는 것이 아니라,
더 완성도 있는 작품을 만들어 내겠다는
겸손한 투지에 있어야 합니다.

이 책을 끝내며

　누군가는 책을 읽고 머리가 더 아플 것이고, 어떤 이는 고민이 해결되어 가벼움을 느낄 것입니다. 두 상황 모두 잘못되지 않았습니다. 머리가 아프신 분은 그만큼 이전에 생각하지 못했던 관점이 물밀 듯 들어와서 그렇습니다. 일순간 들이닥친 정보가 머릿속에 정리되지 않아서 생긴 문제입니다. 글쓰기를 포기하지 않는다면 습득한 내용은 필요한 때 도움이 되어 천천히 내공을 쌓는 양분이 될 것입니다. 머리가 가벼운 분들은 이 책을 읽기 전에 고민이 많았던 분들입니다. 아마도 저와 비슷한 분들이었을 겁니다. 작업을 시작하기 전 설계도가 필요한데, 그 도면을 구할 수 없어서 막막함을 느낀 분입니다. 이 책을 통해 퍼즐조각 채우듯 필요한 정보를 확보하셨기를 바랍니다.

　책 쓰기를 시작할 때 목표를 정하곤 합니다. '언제까지, 어느 정도 분량을 쓰겠다' 계획 일정은 조정될 수 있지만 목표는 잃지 않아야 합니다. 글쓰기를 비롯한 창작은 간절한 열망을 지속적으로 되새겨야 합니다. 장기적인 작업일수록 자신만의 페이스를 유지해야 합니다. 그렇지 않으면 금세 열정이 식고 흥미가 떨어질 수 있습니다. 대부분의 경우 개인 창작은 누군가 시켜서 하는 일이 아닙니다. 특히 금전적인 대가가 주어지지 않는다면 스스로 동기부여를 해야 합니다. 나만의 글을 완성할 수 있도록 일단 시작하고 돌진해 봅시다. 설령 목표치만큼 채우지 못했을지라도, 최선을 다해 작업한 시간은 절대로 의미 없이 사라지지 않습니다. 아예 목표를 향해 내달려 보지 않은 사람과는 비교할 수 없습니다. 하루의 글쓰기 시간을 정하고, 한 해의 창작 목표를 완수해 봅시다. 또한 글쓰기의 근본적인 출발은 작가의 자아성찰과 세상을 향한 탐구심입니다. 출판을 꿈을 갖고 시작하더라도, 순수한 문학의 열망을 놓지 말아야 합니다. 삶을 깊게 조망하는 작가의 진솔한 사색이 담길 때, 글은 물 흐르듯 자연스럽게 쓰이곤 합니다.

끝으로 말씀 앞서 책 내용에 담겼던 부분을 다시 한번 상기시켜 드립니다. 이 책은 글쓰기 방법의 정답이 아닙니다. 필요한 부분만 잘 습득하시길 바랍니다.

책에서 나오는 내용은 분명 여러분에 유익할 것입니다. 글쓰가 막막했던 분은 그 원인을 진단하고 방법을 제시함에 있어서 비단 도움이 될 것입니다. 그러니 한 번은 끝까지 다 읽으시고 소화하실 수 있는 부분은 섭취하셨으면 좋겠습니다. 다 읽었는데 적용하기 어렵다면 현재 챕터의 내용, 더 좁게는 이 부분만 기억해도 괜찮습니다. 어떻게 쓸 것인지 기준을 잡는 몫은 전적으로 작가의 마음입니다. 흘러가는 생각을 자유롭게 담을 수 있고, 꼼꼼히 기획을 세워 글을 쓸 수도 있습니다. 제가 분석하고 정리한 내용은, 저에게 맞는 방향이자, 일반적인 고민으로부터 전략을 제시하는 것뿐입니다. 그러니 여러분에게 필요한 만큼 참고하시길 바랍니다. 부족한 이음새를 메꾸듯, 책 쓰기가 막힐 때 도움을 얻으셨으면 좋겠습니다.

교육 소개

2주 | 시작을 위한 기획과 분석 : 워크숍 온라인 O 오프라인 O

창작을 시작하기 전 관련 분야의 참고 자료를 찾고 분석한 내용을 나눕니다.
조사와 분석을 통해 대중적인 수요가 있는 기획을 잡도록 인도합니다.

4주 | 자전적 에세이 쓰기 : 워크숍 온라인 O 오프라인 O

에세이란 어떻게 써야 하는지, 강의와 나눔이 있는 글쓰기 워크숍입니다.
에세이 쓰기를 배우면서 시작하고 싶은 분들에게 추천합니다.

3주 | 해방되는 마음 : 워크숍 온라인 X 오프라인 O

자전적 글쓰기는 심리 치유의 효과를 가집니다. 억눌린 감정을 글로 표현하며
긍정적이고 희망적인 꿈을 꿀 수 있도록 인도합니다.

4주 | 인디자인 책 만들기 : 워크숍 온라인 X 오프라인 O

책을 만들기 위해 필요한 기능만 빠르게 배우는 인디자인 수업입니다.
프로그램 뿐 아니라 직접 책을 만들기 위해 인쇄와 제작에 대해 알 수 있습니다.

1일 | 전략적 에세이 쓰기 : 특강 온라인 O 오프라인 O

에세이 쓰기를 시작하기 앞서 알아두면 좋은 내용을 압축하여 하루 특강으로
들을 수 있습니다. 과제가 없는 강의기 때문에 부담없이 배울 수 있습니다.

1일 | 나혼자 출판 입문 : 특강 온라인 O 오프라인 O

1인 출판, 독립 출판은 무엇이고 어떻게 진행할 수 있는지 명료하게 설명합니다.
또 출판을 꿈꾼다면 해야 하는 일에 대해 가이드 합니다.

북샤인에서 개설되는 교육이나 모임이 아래 사이트에서 소개됩니다.

bookshine.co.kr
blog.naver.com/book_shine
instagram.com/bookshine_official

별도의 요청으로 외주 워크숍 및 강의를 진행할 수 있습니다.
강의 커리큘럼이나 비용에 대한 자세한 문의는 메일 주세요.

book-shine@naver.com